Índice

AHORA QUE SOY CRISTIANO

Iniciación en la fe

José Young

Young, José
    Ahora que soy cristiano: iniciación en la fe / José Young. – 1a ed
Villa Nueva: Crecimiento Cristiano, 2017.
    80 p.; 21 x 14 cm.

    ISBN 978-987-1219-35-3

    1. Vida Cristiana. I. Título.
    CDD 248.4

© **Ediciones Crecimiento Cristiano**
Título: Ahora que soy cristiano
Autor: José Young
Primera edición: marzo 2017
ISBN: 978-987-1219-35-3

Diseño de interior:
Ediciones Bara
✉ *edicionesbara@gmail.com*
⑥ *EdicionesBara*
☎ *351 5576318*

Ediciones Crecimiento Cristiano
"Más que enseñar, te ayudamos a aprender"
Especialistas en material para células y otros grupos pequeños
Córdoba 419
5903 Villa Nueva, Cba.
Tel: +54 353 491-2450
Cel/WhatsApp: +54 353 481-0724
Argentina
oficina@edicionescc.com
www.edicionescc.com

IMPRESO EN ARGENTINA

Prólogo del autor

Este es un libro para comenzar. Es para los que se inician en la vida cristiana y desean ayuda para seguir adelante. La vida del espíritu es similar a la vida natural: uno nace, crece y llega a la madurez después de un buen tiempo de aprendizaje y experiencia. "Ser salvo" o "convertirse" no es un fin en sí, sino el principio de toda una experiencia nueva.

Los primeros cristianos identificaron la nueva vida en Jesucristo con "el camino"[1] y ellos mismos fueron llamados "los del camino" porque para ellos la vida cristiana era como un viaje que los conducía hacia la madurez en Cristo.

Sin embargo, hay ciertas pautas necesarias para poder seguir ese camino, ciertos requisitos indispensables. Sabemos, por la experiencia de los que nos han precedido, qué equipaje debemos llevar y cuáles son las condiciones mínimas para viajar con perspectivas de éxito. En las páginas que siguen sencillamente quisiera bosquejar mi comprensión de esas condiciones.

Finalmente dos o tres recomendaciones: Cuando encuentres citas bíblicas, no dejes de leerlas en su contexto. La Palabra de Dios es la máxima autoridad para la vida cristiana. Recomiendo que seas como los que escucharon a Pablo en Berea que...

de buena gana recibieron el mensaje y día tras día estudiaban las escrituras para ver si era cierto lo que se les decía. [2]

Al final del libro encontrarás una lista de lecturas sugeridas que podrán ayudarte a profundizar el tema. Procura reflexionar, responder y debatir las preguntas al terminar cada capítulo..

---

1 Ver Hechos 16,17; 18.25 y 26; 19.23; 24.14 etc.
2 Hechos 17.11

1
¿Qué es un cristiano?

Mirad cuál amor nos ha dado el Padre,

para que seamos llamados hijos de Dios...

(1 Juan 3.1)

Doy por sentado que ya eres cristiano. Pero para hablar acerca de la vida cristiana, es indispensable aclarar el término. ¿Qué es un "cristiano"? ¿Qué te distingue ahora de cualquier otra persona?

Todos los aspectos que hemos de ver y examinar en los siguientes capítulos surgen necesariamente de tu nueva naturaleza. Como consecuencia de ella, hay ciertas decisiones que no puedes evitar y ciertas responsabilidades que no puedes evadir. La manera en la que llevas a cabo tu vida cristiana depende absolutamente de la manera como la concibes.

En el Nuevo Testamento no hay una definición acabada del cristiano como las que podemos encontrar en un diccionario. Lo que sí encontramos son varias figuras. Las Escrituras te observan a ti como cristiano, desde distintas perspectivas, y la totalidad de estas perspectivas nos dan una imagen completa. De ahí que cualquier definición aislada resulta escasa y fácilmente distorsionable si no la examinamos a la luz de su contexto más amplio. A continuación vamos a observar brevemente algunas facetas del cristiano. Se recuerda que cada faceta es sólo un aspecto del cuadro, irás apreciando poco a poco lo que Dios dice del cristiano verdadero.

1. El cristiano es un discípulo

El *discípulo* es aquel que sigue a su maestro, aprende de él, lo imita y obedece. Discípulo está en primer lugar, porque así debemos comenzar todos. Si no sigues a Jesucristo y le obedeces, ni aprendes de él, es imposible ser cristiano. Ser discípulo de Jesucristo es lo menos que Dios espera de nosotros. Es importante notar que en la primera mitad del Nuevo Testamento no se menciona *cristianos*, sino "discípulos de Jesucristo". Pasaron muchos años antes de que la gente los llamara *cristianos*.[3] La descripción más nítida del discípulo de Cristo aparece en el Evangelio de Lucas:

> *Si alguno viene a mí, y no me ama más que a su padre o a su madre, a ... Si alguno viene a mí, y no aborrece a su padre, y madre... y mujer e hijos, y hermanos, y hermanas, y aun también su propia vida, no puede ser mi discípulo. Y el que no lleva su cruz y viene en pos de mí, no puede ser mi discípulo.... Así, pues, cualquiera de vosotros que no renuncia a todo lo que posee, no puede ser mi discípulo.[4]*

Mucha gente seguía a Jesús, pero no todos eran sus discípulos. Según este pasaje en el Evangelio de Lucas, sus pautas para el discipulado son bien concisas:

a) Debemos reconocerlo por encima de cualquier posesión material

(Lucas 14.33). Si no estamos dispuestos a someter a su control todo lo que poseemos, incluso el dinero, no podemos ser sus discípulos. Y hasta habrá ocasiones en las que nos exija deshacernos de una parte o de todas nuestras posesiones.[5] El discípulo ha ofrecido todo lo que tiene a su Señor, y acepta la responsabilidad de ser un buen administrador de los bienes, que ya no son suyos, son de Jesucristo.

b) Debemos reconocerlo por sobre cualquier relación humana

(Lucas 14.26). Si el Señor no es más importante que los padres, la novia, el esposo o los hijos, no podemos ser sus discípulos. Jesucristo introduce un conflicto en la vida: es un maestro celoso y no permite que nadie lo despoje de su lugar.[6]

c) Debemos reconocerlo aún por sobre nosotros mismos, nuestros derechos y nuestros proyectos.

(Lucas 14.27). En tiempos de Jesús, la cruz no era un adorno para

---

3 Hechos 11.26
4 Lucas 14.25-33
5 Ver Lucas 18. 18-25, 19.1-8
6 Ver Lucas 9.57-62

lucir sino un rústico palo donde colgaban a los criminales, un instrumento de tortura. Llevar la cruz significa aceptar la muerte, la muerte voluntaria, la muerte de nuestro orgullo, de nuestra voluntad. Para ser discípulos de Jesucristo debemos rendirnos a él incondicionalmente y hacerlo nuestro dueño y Señor.

2. El cristiano auténtico es también un templo donde vive el Espíritu de Dios

Dijo Pablo:

> *¿No saben ustedes que su cuerpo es el templo del Espíritu Santo que Dios les ha dado, y que el Espíritu Santo vive en ustedes? (1 Corintios 6.19).*

Uno de los rasgos comunes de la predicación de los apóstoles fue la promesa de la venida del Espíritu Santo. Veamos, por ejemplo, las palabras de Pedro en el primer sermón del libro de los Hechos:

> *Vuélvanse a Dios y bautícese cada uno en el nombre de Jesucristo, para que Dios les perdone sus pecados, y así él les dará el Espíritu Santo.[7]*

Los apóstoles reconocieron que la característica distintiva de esta nueva comunidad en formación era la presencia del Dios vivo en cada uno. Jesús lo había prometido,[8] y el cumplimiento de la promesa proveyó la dinámica con la que ese pequeño grupo de hombres comunes había de transformar el mundo. Dios —el mismo que creó el universo, el mismo que levantó a Jesús de entre los muertos— es quien llega a ser parte constitutiva de la vida del discípulo de Cristo.

Obviamente, si Dios realmente habita en nosotros, no podemos esconderlo. Habrá evidencias, habrá repercusiones, habrá cambios positivos en nuestras vidas que las Escrituras llaman "el fruto del Espíritu".[9] Y habrá implicaciones morales: el templo de Dios debe ser un lugar limpio y santo. Y si yo soy ese templo, entonces tengo la inmensa responsabilidad de mantenerme limpio, digno de Aquél que vive en mí.

3. El legítimo cristiano es una nueva creación de Dios

La obra de Dios en el ser humano es profunda. No basta con embellecer y arreglar el exterior. Jesús dijo claramente que el problema del hombre nace en su corazón, en lo más íntimo de su ser.[10] Es por eso que la única solución a la distorsión humana debe comenzar des-

---

7 Hechos 2.38
8 Juan 14.16
9 Gálatas 5.22 y 23
10 Marcos 7.20-23

de adentro. Veamos el testimonio de Pablo:

> *Por lo tanto, el que está unido a Cristo es una nueva*
> *persona [literalmente = creación] Las cosas viejas*
> *pasaron; se convirtieron en algo nuevo.[11]*

El discípulo de Cristo es, en verdad, una persona nueva. Ha sido librado de su culpa, y el Espíritu de Dios ha comenzado en ella una obra de renovación y maduración. Pero es necesario destacar que "ha comenzado". No es como el caso de la oruga y la mariposa, donde milagrosamente el feo gusano sale de su capullo transformado en algo bello.

Es más como la semilla que se siembra y que comienza a echar raíces. Luego brotan las ramas y las hojas y, a su debido tiempo, da fruto.[12] No hay duda de que a menudo ocurren cambios espectaculares en el estilo de vida de algunas personas, especialmente en personas que abandonan ciertos vicios, cuando se rinden a Jesucristo. Pero para la mayoría de nosotros es un proceso, un cambio progresivo que dura toda una vida. La obra de Dios es crear un pueblo nuevo, con hombres y mujeres que demuestran la perfección y la calidad de Jesucristo en sus vidas, y esto simplemente cuesta tiempo.

Sin embargo, desde otro punto de vista, la vida para el discípulo de Jesucristo ya es enteramente nueva. El propósito de su vida ha cambiado y tiene ahora por delante la posibilidad de ser útil en los planes de Dios. Ahora sabe en qué consiste la voluntad de Dios en cuanto a su familia, sus propiedades, sus vecinos y sus amigos. Vive una relación con Dios, con sus semejantes, y con todo cuanto lo rodea.

4. El discípulo de Cristo es también un hijo de Dios

El concepto popular es que todos los seres humanos son hijos de Dios, pero según la Biblia no es así. La realidad es que hay dos "familias" en la Tierra, como dijo el apóstol Juan:

> *Se sabe quiénes son hijos de Dios y quiénes son hijos*
> *del diablo, porque cualquiera que no hace el bien o que*
> *no ama a su hermano, no es de Dios.[13]*

Todos somos criaturas de Dios en el sentido de que hemos sido creados por él. Pero no somos hijos a menos que Dios nos reconozca como tales. Juan lo explicó en su Evangelio:

> *Y son hijos de Dios, no por naturaleza ni los deseos*

---

11 2 Corintios 5.17
12 Ver Marcos 4.26-29
13 1 Juan 3.10

humanos, sino porque Dios los ha engendrado.[14]

No es posible ser hijo de Dios por el mero hecho de haber nacido, ni por nuestros propios esfuerzos, ni siquiera por la intervención de cualquier persona. Es un derecho que el Dios soberano confiere cuando nosotros damos nuestras vidas a su Hijo. El hijo de Dios forma parte de la familia de Dios y es en el contexto de la familia de Dios que él logra la obra de renovación que nos transforma en una nueva persona. Pablo agrega:

Pero cuando se cumplió el tiempo, Dios envió a su Hijo, que nació de una mujer, sometido a la ley de Moisés, para dar libertad a los que estábamos bajo esa ley, para que Dios nos recibiera como a hijos.[15]

La versión Reina-Valera traduce "a fin de que recibiésemos la adopción de hijos". Adopción implica que Dios nos acepta definitivamente como hijos, como parte de la familia "real". Tenemos privilegios, tenemos una herencia y sabemos que participaremos siempre en la corte del Reino.

Pero —y aquí radica el problema— ¿cómo debe comportarse un príncipe o una princesa? ¿Qué idea podría tener el mundo de la corte de mi Padre por la manera en que vivo? El ser hijo de Dios acarrea grandes privilegios y tremendas responsabilidades. Casi la única idea que tiene el mundo de la familia real, es la que tiene de nosotros.

5. El discípulo de Cristo es también un "santo"

Esta palabra en el lenguaje bíblico conlleva significados bien diferentes al actual. La tradición de la Iglesia Católica Romana dice que un "santo" es una persona religiosa que en vida llamó la atención de sus contemporáneos por algún don o servicio especial; como consecuencia, las autoridades eclesiásticas lo han proclamado "santo". Pero en el Nuevo Testamento *todo* hijo de Dios es santo. En la introducción de su carta a Corinto, Pablo dice:

...a los que forman la iglesia de Dios que está en Corinto, que en Cristo Jesús fueron santificados y llamados a formar su pueblo santo, junto con todos los que en todas partes invocan el nombre de nuestro Señor Jesucristo...[16]

Pablo se refiere sin discriminación a los discípulos de Cristo. "Santo" no es un título honorífico sino una descripción. La palabra signi-

---

14 Juan 1.13

15 Gálatas 4.4 y 5

16 1 Corintios 1.2. La versión Reina Valera traduce "... a los santificados en Cristo Jesús, llamados a ser santos..." que es una traducción más literal

fica básicamente "separado", y en nuestro caso, el hijo de Dios es santo porque ha sido separado del grueso de la humanidad para pertenecer a Dios. Somos santos por la acción soberana de Dios que nos hace suyos al adoptarnos como hijos legítimos. Somos santos porque Dios nos libró del poder de las tinieblas y nos llevó al reino de su amado Hijo...[17] Pero también hemos de ser santos. Las Escrituras nos exhortan a dar en carácter y en hábitos de la misma manera que nuestro Padre es santo.[18] Vez tras vez Pablo explica en sus cartas los alcances de esta santidad para la vida práctica:

> *...que nadie cometa inmoralidades sexuales, ni haga cosas impuras, ni siga sus pasiones y malos deseos... dejen todo eso: el enojo, la maldad, los insultos y las palabras indecentes. No se mientan los unos a los otros...[19]*

El Espíritu de Dios está obrando en el discípulo de Cristo, pero el discípulo tiene que colaborar; debe comprometerse a vivir una vida digna del llamamiento de Dios.

6. El discípulo de Cristo también es semejante a un soldado

Es sugestivo el uso de esa imagen en la carta de Pablo a su discípulo Timoteo:

> *Toma tu parte en los sufrimientos como buen soldado de Cristo Jesús. Ningún soldado en servicio activo se enreda en los asuntos de la vida civil, porque tiene que agradar a su superior.[20]*

Los que han pasado por el servicio militar entienden muy bien el consejo del apóstol. Entrar en el servicio militar es entrar en un mundo divorciado del mundo "normal". La vida militar demanda del soldado obediencia completa. Determina dónde vive, en qué trabaja, cuánto trabaja y, hasta cierto punto, el uso de su tiempo libre.

Ser soldado es adoptar una manera de vivir; ser discípulo de Jesucristo es también adoptar una manera de vivir. Y, como el soldado, el discípulo de Jesucristo debe obedecer a su superior sin cuestionarlo. Debe presentarse para el servicio siempre listo a entrar en "combate". Debe conocer muy bien sus armas y cómo manejarlas. ¿Por qué? Porque estamos en guerra, una guerra espiritual. Nos hemos alistado con

---

17 Colosenses 1.13
18 1 Pedro 1.15
19 Colosenses 3.5, 8 y 9
20 2 Timoteo 2.3 y 4

Aquél que finalmente ganará la batalla, pero en este mundo todavía estamos en lucha. "El poder de la oscuridad", las fuerzas que rechazan a Dios y sus propósitos para el ser humano, son numerosas.

Porque no estamos luchando contra poderes humanos, sino contra malignas fuerzas espirituales del cielo, las cuales tienen mando, autoridad y dominio sobre el mundo de tinieblas que nos rodea.[21]

Conviene leer cómo aplicó Pablo el concepto soldado al cristiano de entonces.[22]

7. El discípulo de Cristo es también semejante a un atleta

La figura del atleta es común en las cartas de Pablo, quien observó cómo el atleta disciplina su propia vida con tantas horas de entrenamiento y cómo dedica todas sus energías a la competencia por un premio efímero. Dice que la vida cristiana es semejante a la carrera de un atleta. No hay lugar para espectadores: todos estamos corriendo y todos debemos correr para ganar.

Yo, por mi parte, no corro a ciegas ni peleo como si estuviera dando golpes al aire. Al contrario, castigo mi cuerpo y lo obligo a obedecerme...[23]

En este pasaje, y en muchos otros, Pablo destacó la diferencia entre ser "religioso" y ser "discípulo de Cristo". El primero es pasivo: contempla lo que otros hacen; está en la tribuna en vez de la cancha. El segundo es activo: participa plenamente con Cristo para concretar los planes de Dios en su vida y en el mundo.

Hay otras figuras bíblicas, como la del embajador o la del sacerdote, que veremos en los próximos capítulos. Pero estas facetas del cristiano que ya hemos visto dan por lo menos un vistazo inicial de lo que eres en cuanto a cristiano. Tu relación con Jesucristo tiene implicaciones individuales y comunitarias que afectan todos los aspectos de la vida. Ahora puedes comprender por qué es imposible "aceptar a Cristo" o "recibir a Cristo"... y nada más. La decisión de entregarte a Jesucristo es sólo el primer paso de un largo caminar, la primera página de un libro inmenso. Veamos en los capítulos que siguen cómo avanzar en ese camino.

---

21 Efesios 6.12
22 Efesios 6.1-17
23 1 Corintios 9.26 y 27

Preguntas para discusión

1. ¿Es correcta la definición del cristiano: "El cristiano es uno que ha creído en Jesucristo?" ¿Por qué?
2. ¿Cuál es la relación entre el cristiano verdadero y
   Dios el Padre,
   Dios el Hijo,
   Dios el Espíritu?
3. A la luz de los siete aspectos que hemos visto, ¿qué relación debe haber entre los cristianos?
4. ¿Es la diferencia entre el cristiano y no cristiano algo externo, visible?
5. La vida cristiana es un servicio activo a Cristo. ¿En qué sentido es activo?
6. ¿Hay algo en los siete rasgos del cristianismo que indique qué es lo particularmente "cristiano" que distingue al discípulo de Jesucristo?
7. ¿Qué pautas para la relación entre el cristiano y el mundo encuentras en este capítulo?

2
Un Pueblo Nuevo

Ustedes antes ni siquiera eran pueblo,

pero ahora son pueblo de Dios

(1 Pedro 2.10)

Como discípulo de Jesucristo has sido llamado a formar parte de una nueva comunidad. Es literalmente imposible vivir una vida cristiana sana, "normal", y a la vez solitaria. La Biblia misma describe al discípulo como parte de un nuevo pueblo y, es en el contexto, de esta comunidad que has de aprender, crecer y servir.

Uno de los propósitos de Dios para su nueva creación es eliminar las barreras que normalmente separan a las personas:

Ya no importa el ser judío o griego, esclavo o libre, hombre o mujer, porque unidos a Cristo Jesús, todos ustedes son uno solo.[24]

Dios quiere demostrar al mundo, por medio de su nueva comunidad, que es legítimo pensar en el triunfo del amor auténtico sobre el egoísmo, y en genuino interés por los otros.

Puesto que eres hijo de Dios formas parte de la familia de Dios, y es en el ámbito de dicha familia donde podrás crecer. Es en el seno de esa familia donde aprenderás a amar; en esa convivencia familiar recibirás apoyo de los mayores y tendrás la oportunidad de ayudar a los menores. La vida familiar implica una responsabilidad hacia los

---

24 Gálatas 3.28

demás y, como hijo de Dios, deberás asumirla.

El Nuevo Testamento recurre a la palabra "comunión" para describir esa relación vital. "Comunión" implica tanto una relación como una participación. Compartimos un mismo Padre, un mismo Señor y el Espíritu de Dios, quien vive en cada uno y en todos. Los lazos que unen a los hijos de Dios son aún más estrechos que la relación entre los miembros de una familia o aún los vínculos matrimoniales. El amor genuino entre los miembros de la familia de Dios debe ser una de nuestras características principales.

> *Les doy este mandamiento nuevo: Que se amen los unos a los otros. Así como yo los amo a ustedes, así deben amarse ustedes los unos a los otros. Si se aman los unos a los otros, todo el mundo se dará cuenta que son discípulos míos.[25]*

La comunión es también participación en lo que tenemos en común. El amor no es algo estático sino una manera de vivir, y la participación en la comunión es mucho más que el mero hecho de asistir con otra persona a una reunión. Es el actuar juntos en adoración y servicio. Es el compartir lo que tenemos unos con otros, sean palabras, tiempo o bienes.

La vida familiar es mucho más que coexistencia: es un compromiso mutuo que lleva a todos al servicio y cuidado de los demás.

Cuerpo

Una de las maneras en que el Nuevo Testamento describe la relación entre los discípulos de Cristo es con el término *cuerpo*. En el capítulo 12, versículo 17 de su primera carta a los Corintios, Pablo dice:

> *Pues bien, ustedes son el cuerpo de Cristo, y cada uno de ustedes es un miembro con su función particular.*

Un cuerpo es algo orgánico, vivo, dinámico. Y la relación entre los hijos deberá ser orgánica, viva y dinámica. Así como en el cuerpo humano hay muchos miembros diferentes, con funciones diferentes, así ocurre con el cuerpo de Cristo. Si todos fuéramos iguales, el cuerpo resultaría monstruoso; pero si cada uno, bajo el señorío de Jesucristo y según su propia personalidad y capacidad, participa en la vida de la comunidad, hay equilibrio.

El lugar que Jesucristo ocupa en este cuerpo es el de la cabeza, el miembro que nutre y dirige a todos los demás.

La carta a los Colosenses (capítulo 2, versículo 19) lo explica así:

---

25 Juan 13.34s

...la cabeza, la cual hace crecer todo el cuerpo al alimentarlo y unir cada una de sus partes conforme al plan de Dios.

El miembro que pierde su conexión íntima con la cabeza queda, efectivamente, paralizado. Puede tener la apariencia de un miembro sano, pero llegará a ser cada vez más atrofiado e inútil.

Las Escrituras dicen que Dios capacita a cada miembro de su pueblo para ser un miembro útil del cuerpo. Le da "dones espirituales" necesarios para el buen funcionamiento de la comunidad: capacidad para enseñar, para exhortar, para servir, para gobernar.

Los dones son provistos por la obra del Espíritu de Dios, y todos repartidos[26] entre los miembros del cuerpo según la voluntad soberana de Dios. Es por ello que, como discípulo de Jesucristo, no puedes funcionar adecuadamente al margen de tus hermanos. Para tu propia vida espiritual y crecimiento necesitas lo que tus hermanos pueden darte. Y tus hermanos no pueden funcionar adecuadamente sin ti. Cada miembro del cuerpo vale por sí mismo y cada uno es necesario.

Y por Cristo el cuerpo entero se ajusta y se liga bien mediante la unión entre sí de todas sus partes; y cuando cada parte funciona bien, todo va creciendo y edificándose en amor.[27]

Iglesia

Ahora bien, la palabra que comúnmente utiliza el Nuevo Testamento para mencionar a ese pueblo nuevo, es *iglesia*. El término original, en griego, indica una *asamblea* de personas congregadas con algún propósito, y se aplicaba tanto a reuniones de cristianos como a asambleas públicas.[28] Con el tiempo, la palabra griega para *asamblea* fue traducida al latín *ecclesía*, de donde viene en castellano *iglesia*.

No encontramos en el Nuevo Testamento una descripción detallada de cómo vivían las primeras congregaciones de discípulos, las primeras *iglesias*. Sabemos que no tenían templos ni edificios especiales para sus reuniones. Aún no habían surgido las denominaciones, ni tampoco funcionaban con complicadas organizaciones eclesiásticas.

Lo principal que sabemos es que tenían reuniones en los hogares de los hermanos y que:

---

26 Romanos 12.4 y 8

27 Efesios 4.16

28 Ver, por ejemplo, Hechos 19.28-41. En los versículos 32 y 41 la palabra "gente" es la palabra griega para iglesia.

*Eran fieles en conservar las enseñanzas de los
apóstoles, en compartir lo que tenían, en reunirse para
partir el pan y en la oración.*[29]

Desarrollaron su vida cristiana en un ambiente familiar, en el círculo del grupo de comunión, donde adoraban, se edificaban en su fe, se servían mutuamente y de donde salían para dar testimonio.

Aunque el libro de Hechos no abunda en detalles, sugiere el cuadro de un pueblo que cuidaba bien de los suyos. Tenían una comunión estrecha, con verdadero espíritu de sacrificio.[30] Formaban una familia enemiga de toda discriminación ética y aún social.[31] Crearon una sociedad diferente y respetada por los demás, que incluso llegaron a temerles.[32]

Necesitas participar en la vida de una congregación, aunque es posible que ya seas miembro de una. Pero si no ¿con qué criterios puedes elegir la comunidad de discípulos de Jesucristo a la cual incorporarte?

A esta altura será imposible encontrar una iglesia "perfecta" que asuma cabalmente cuanto sugiere el Nuevo Testamento. Pero no debe ser difícil encontrar una iglesia donde se enseñen las Escrituras, donde reine el amor sincero y una preocupación mutua entre los creyentes. Lo importante es ir más allá de las diferencias superficiales y buscar una genuina salud espiritual, ver si Jesucristo realmente gobierna la vida de los hermanos.

Vale la pena recordar siempre que estos grupos de gente imperfecta, con sus tradiciones —a veces extrañas para la persona que recién comienza a asistir—, con su carácter único, son nuestra familia. Son nuestros hermanos y hermanas en Jesucristo y nos necesitan. Y si hay carencias y problemas... ¡aún más nos necesitan! Cada problema que encontramos es una oportunidad para servirles. Tenemos mucho que aprender de ellos. Algunos seguramente conocen la Biblia mucho mejor que nosotros; quizás otros pueden enriquecernos con su experiencia de vida cristiana. Hay entre los jóvenes la tendencia a despreciar a los "viejos sin escuela", pero hay infinidad de casos donde el joven debe aprender del "viejo" qué es la fe sencilla y firme en Jesucristo y qué es un testimonio abierto y valiente.

Ingresar como miembro a una congregación quiere decir partici-

---

29 Hechos 2.42
30 Hechos 2.45, 4.34
31 Ver, por ejemplo, Santiago 2.1-4
32 Hechos 5.13

par en las reuniones, buscar maneras de ayudar y aceptar responsabilidades. No podemos esperar todo de los demás: debemos poner nuestra parte. Si no hay amor, entonces nuestra obligación es amar.[33] No amar a "todos" en general, sino amar a personas concretas, como nos enseña el Señor. Nos sorprenderá el resultado, ya que serán contados los que no respondan con amor al amor. En una congregación típica habrá demasiadas personas como para pretender una relación íntima con cada una de ellas. Conviene entonces que busques a una o dos personas de más o menos tu misma edad para tener una comunión más estrecha. Pueden encontrarse, por ejemplo, una vez por semana, para compartir experiencias, discutir problemas, leer las Escrituras y orar.

Es necesario que el cristiano participe en la vida de la iglesia.[34] No debe deambular de congregación en congregación sin una participación plena en ninguna. El Nuevo Testamento da por sentado que el discípulo de Jesucristo es miembro activo de la familia cristiana, y no reconoce al vagabundo espiritual. Puede haber ocasiones cuando sea necesario cambiar de congregación, pero sólo cuando falte una comprensión honesta de la Palabra o cuando abunde la desobediencia.

Grupos de comunión

Con todo el respeto que merece la Iglesia como realidad indispensable en la vida cristiana, no podemos limitar la comunión cristiana solo a lo que experimentamos en la iglesia local. La Iglesia de Jesucristo la conforman *todos* los hijos de Dios, aunque se congreguen en diferentes lugares. Y no hay razón para que los discípulos de Jesucristo en una misma localidad no puedan tener comunión los unos con los otros.

Por supuesto, no estoy hablando de una relación formal entre todos los cristianos, o aun menos de una "súper-iglesia" que incluya a todos los cristianos bajo una sola institución.

Mejor, que los discípulos de Jesucristo en un barrio, en un taller, en una facultad, en un colegio, en una oficina, deben cultivar la amistad fraternal y el servicio juntos.

Muchos cristianos han experimentado esta última vivencia gracias a los grupos de comunión formados por dos o más hermanos en Jesucristo reunidos para orar, estudiar la Biblia y testificar a los

---

33 Ver 1 Corintios 13

34 Hay otro aspecto que mencionar con relación a la vida en comunidad, el bautismo. En el apéndice uno lo comento brevemente.

no cristianos, o para algún otro tipo de ministerio. Son reuniones de amigos, reuniones familiares, donde se evita el formalismo convencional de muchas iglesias. En los próximos capítulos explicaré más detalladamente qué son los "grupos de comunión" que se reúnen para la oración y el testimonio.

En la mayoría de los países latinoamericanos, y junto con esos grupos informales y reducidos, hay asociaciones más amplias de estudiantes, maestros, enfermeras, etc. Casi todos estos movimientos se han formado con el propósito de testificar a Jesucristo entre sus compañeros de trabajo y estudio. No son iglesias, pero son extensiones o brazos de las iglesias que están llevando a cabo una obra necesaria y valiosa. Mientras somos estudiantes, por ejemplo, es natural que dediquemos tiempo al ministerio de la evangelización entre los estudiantes. También es natural que realicemos dicha tarea en cooperación y comunión con otros discípulos de Jesucristo.

En síntesis: es fundamental que recuerdes que ya no estás solo. Formas parte de una inmensa familia, y tu compromiso con Jesucristo implica un compromiso con su Pueblo. No hay dicha más grande que viajar a otra cuidad o país y encontrar hermanos en la fe. No nos conocíamos... pero ahora sí, porque somos miembros de una misma familia y compartimos el mismo llamado y los mismos proyectos.

Preguntas para discusión

¿Qué juicio te merecen las siguientes afirmaciones?
1. *"Yo leo mi Biblia y oro en casa. No siento necesidad de asistir a las reuniones religiosas".*
2. *"Yo no tengo capacidad de predicar y dirigir como "Fulano". No hay nada que pueda hacer en el grupo".*
3. *"Teníamos una reunión en la iglesia el sábado, pero "Fulano" faltó para asistir al grupo universitario. Su responsabilidad es estar con nosotros".*
4. *"Oramos, estudiamos y testificamos en el grupo casro. Hacemos todo lo que hacen las iglesias y no necesito más".*
5. *"Todas las iglesias son imperfectas y, por eso, prefiero visitar una congregación distinta cada domingo y no comprometerme con ninguna".*
6. *"Los viejos de la iglesia piensan que saben todo, pero no nos entienden. Es mejor que los jóvenes hagamos nuestra propia iglesia".*
7. *"Si quieren reunirse, entonces que lo hagan aquí en el templo, porque esta es la casa de Dios".*

3
No sólo de Pan

"No sólo de pan vivirá el hombre"

(Lucas 4.4).

Las palabras de Jesús señalan uno de los requisitos indispensables para el viajero en el camino: su alimento. Del mismo modo en el que el cuerpo necesita alimento adecuado para funcionar y crecer, así también debe nutrirse la vida espiritual.

La Biblia contiene nuestro alimento espiritual y, si lo aprovechamos, tenemos lo esencial para un conocimiento maduro de Dios y de su voluntad. Sin embargo, el conocimiento de la Biblia, usando el lenguaje de los matemáticos, es *esencial*, pero no *suficiente*. En otras palabras, si bien resulta imposible avanzar sin empaparnos de la Palabra, el mero hecho de conocerla no garantiza la madurez cristiana. Esta paradoja — "esencial" y "no suficiente"— surge de la misma naturaleza de la Palabra.

Dios se reveló en un momento histórico: se reveló al pueblo de Israel y se reveló en Jesucristo, y todo lo que podemos saber de él lo sabemos a partir del texto escrito. Es por eso que la Biblia, en un sentido, es como todos los demás libros. Podemos estudiarla, analizarla, discutirla y compararla con la vida "real". Desde esta perspectiva, es una colección de cartas, historias y poesías que podemos estudiar con la ayuda del diccionario y los principios básicos de la sintaxis, las herramientas literarias y la historia. Por estas razones, a veces nos conviene acercarnos a la Biblia como si fuese sencillamente un "texto" sobre Dios, en un nivel semejante que los textos sobre química o agricultura.

Pero no todo termina aquí, ya que la Biblia tiene algo que ningún otro libro tiene: la presencia del poder y la sabiduría de Dios que ha elegido mostrarse así, en sus páginas, en un documento escrito, desbordante de vitalidad. La Biblia es mucho más que un "libro sobre Dios": es la *Palabra* de Dios en forma escrita.

> *El Espíritu es el que da vida, lo carnal no sirve para nada. Y las cosas que les he dicho son espíritu y vida.*[35]

Los primeros cristianos reconocieron el formidable poder que tiene esta revelación personal de Dios. Al confrontarnos con las Escrituras, no sólo encontramos un libro sino también a su autor *vivo*, el Dios vivo que obra desde sus páginas y por medio de ellas.

> *...damos siempre gracias a Dios, pues cuando ustedes escucharon el mensaje de Dios que nosotros le predicamos, lo recibieron como un mensaje de Dios y no como mensaje de hombres.*[36]
> *Porque la palabra de Dios tiene vida y poder.*[37]

Dios nos habla por medio de su palabra revelada, su Palabra escrita. Por medio de ella nos instruye, nos anima, nos advierte. Si estamos dispuestos a escuchar y obedecer, la Palabra escrita llega a ser para nosotros la Palabra *viva*. Es precisamente por esta extraña doble naturaleza de la Biblia que muchas personas —incluso teólogos— no han encontrado vida en sus páginas a pesar de conocerlas muy bien.

Alimento

El apóstol Pedro advirtió nuestra necesidad de una dieta regular de lectura y estudio para crecer:

> *Como niños recién nacidos, busquen con ansia la leche espiritual pura, para que por ella crezcan y tengan salvación...*[38]

Hay dos razones mínimas y básicas para que necesitemos ser "gente del libro". En primer lugar, porque en el Libro encontramos a Jesucristo. Ya sabes que conocer a Jesucristo *es* vivir la vida cristiana. Tenemos el privilegio de conocer al Jesús histórico, bíblico, resucitado. Esto implica que debemos dedicar buena parte de nuestro tiempo a la lectura y el estudio de los Evangelios. Hay que seguir de cerca al Señor: escuchar qué dijo, ver qué hizo, qué le molestó, qué le gustó, cómo reaccionaron sus contemporáneos... el Jesús de la Biblia es el Cristo que vive hoy y a quien algún día podremos ver cara a cara.

---

35 Juan 6.63

36 1 Tesalonicenses 2.13

37 Hebreos 4.12

38 1 Pedro 2.2

En segundo lugar, en el Libro nos enteramos de qué cosas desea Dios de nosotros.

Pablo lo dijo con toda claridad:

> *No vivan ya según los criterios del tiempo presente; al contrario, cambien su manera de pensar para que así cambie su manera de vivir y lleguen a conocer la voluntad de Dios, es decir, lo que es bueno, lo que es grato, lo que es perfecto.*[39]

Pronto descubriremos que la sabiduría y la voluntad de Dios son contrarias a "las reglas de este mundo" en muchos ámbitos de la vida. No podemos dar nada por sentado: debemos buscar para saber en qué consiste la voluntad de Dios para nuestra vida personal, para nuestros roles de hijos, o de padres o de parientes; para nuestro papel de esposo o esposa; para nuestras relaciones en el trabajo, con los compañeros, etc.

Como hijos de Dios, es necesario conformarnos a la disciplina de la familia de Dios. De ahí la urgencia de conocer bien a fondo el mensaje de las Escrituras, no como un código de obligaciones o una lista de respuestas para tal o cual ocasión, sino que poco a poco, los pensamientos de Dios dejarán sus huellas en nuestros propios pensamientos y nuestras actitudes se irán pareciendo más y más a las suyas. Procederemos como él procede; nuestras relaciones serán como las suyas; nuestro rechazo de la injusticia su propio rechazo.

Los niños de la familia de Dios, quienes recién comienzan el Camino, necesitan ese alimento esencial para crecer y servir a su Señor. Los "jóvenes", los que ya han arraigado en la Palabra, están en condiciones de ayudar a los otros y proclamar a Jesucristo. Son fuertes porque la Palabra de Dios permanece en ellos, y con ella han vencido las estructuras del mal.[40] Pablo exhorta a los discípulos en Éfeso:

> *...que la palabra de Dios da la espada que les da el Espíritu Santo.*[41]

El soldado aprende a manejar su arma: de la misma manera nosotros necesitamos familiarizarnos con la estructura, el mensaje y el propósito de las diversas secciones de la Biblia a fin de utilizarlas en el servicio y el testimonio.

Muchos han caído en la trampa de *acostumbrarse a oír* la Palabra, por ejemplo, en sermones, al punto de que no saben emplearla perso-

---

39 Romanos 12.2

40 Ver 1 Juan 2.14

41 Efesios 6.17

nalmente. Es bueno escuchar a los maestros de la Palabra y aprender de los "veteranos" en el Camino. Pero si sólo escuchamos, seremos como parásitos espirituales: sin saber alimentarlos, comeremos lo que otros han "masticado"; seremos "loros" espirituales: podemos decir las palabras correctas, pero no son nuestras, no se han grabado en nuestros corazones.

Y un resultado será que no estaremos en condiciones de compartir nuestra fe con otros ni ayudar a crecer a otros. El autor de Hebreos nos exhorta:

> *Al cabo de tanto tiempo, ustedes ya deberían ser maestros; en cambio, necesitan que les expliquen las cosas más sencillas de las enseñanzas de Dios.*[42]

La lectura sistemática de la Biblia y el estudio bíblico deben ser actividades fundamentales de todo cristiano. La lectura diaria como parte de tu alimento espiritual. Aparta cada día unos momentos para escuchar a Dios. Recomiendo que tengas una lectura sistemática, es decir, que sigas un plan que cubra todos los libros de la Biblia. En el principio conviene concentrarse en el Nuevo Testamento, porque lo esencial para el discípulo es conocerlo a Jesús y al Camino que debes transitar.

Un peligro es que mucha gente tiene la costumbre de abrir la Biblia al azar y leer lo que aparezca, y así sólo tiene a mano un conglomerado de pasajes que confunden. Los únicos libros que resisten ese ataque son Salmos y Proverbios. Los libros históricos o las cartas deben ser leídos como un todo continuo.

Hay materiales que facilitan la lectura metódica. La Unión Bíblica ofrece un plan de lectura diario con notas de estudio bíblico: *Encuentro con Dios*, que se publica periódicamente. En varios países latinoamericanos hay agentes de la Unión Bíblica. Naturalmente, hay también otros materiales tales como: *Buenos días Señor de Ediciones Puma y Estudio Devocional de la Biblia Certeza* de Certeza Argentina. Una de las ventajas de estas guías es que estimulan a pensar mediante preguntas breves y comentarios profundos. Debes leerlas diariamente y con la expectativa de escuchar al Señor. La Unión Bíblica sugiere estas pautas para la lectura:

Ora antes de leer que Dios te ayude a comprender y recibir la Palabra. Recuerda que estás en la presencia de Dios.

Lee cuidadosamente el pasaje bíblico señalado para el día. Las porciones anteriores y siguientes al pasaje pueden ser de ayuda para

---

42 Hebreos 4.12

entender el contexto.

Medita sobre lo que has leído, esperando en silencio y abriendo tu corazón a Dios. Hazte estas preguntas:

¿De qué trata básicamente este pasaje? ¿Qué enseña acerca de Dios el Padre, el Hijo y el Espíritu Santo? ¿Cómo se relaciona la enseñanza de este pasaje con mi vida diaria?

¿Qué quiere Dios de mí, aquí y ahora?

Ora después de la lectura y la meditación usando los pensamientos recibidos como base para la adoración y la gratitud al Señor, confiésate e intercede por tus hermanos en Cristo y por otros que aún no conocen al Señor.

El estudio

Además de la lectura es necesario el estudio. No basta leer porque normalmente quedamos con un concepto demasiado superficial de las Escrituras. Si no nos detenemos para estudiar con mayor cuidado, muchas cosas se nos escapan. Junto con la lectura diaria, el discípulo serio de Jesucristo apartará un tiempo cada semana (o más si es posible) para el estudio.

Quiero compartir contigo un sistema de estudio sencillo, básico, utilizado por generaciones de seguidores del Camino. Conviene no estudiar demasiado texto de una sola vez. Un capítulo entero, por ejemplo, puede resultar excesivo; es mejor seguir las divisiones en los párrafos de la mayoría de las versiones. Además te recomiendo tener a mano una carpeta de hojas sueltas para guardar las notas y conclusiones del estudio. Los tres pasos básicos son:

1. Observación.

Se trata de comprender qué dice el pasaje. Hay que leerlo y releerlo, y si es posible, en varias traducciones. La Reina-Valera (revisión de 1995), la Biblia de Estudio (Sociedades Bíblicas Unidas, año 1990) y la Nueva Versión Internacional (Sociedad Bíblica Internacional, 1999) son tres traducciones muy buenas que presentan una misma verdad en diferentes niveles del castellano. A menudo una de las traducciones arroja nueva luz sobre un pasaje que nos resultaba confuso.

Viene muy bien tener un diccionario a mano para buscar las palabras de significado complejo, un diccionario de términos bíblicos será de gran ayuda, también. Además, busca las palabras de enlace (por ejemplo: como, pero, por tanto, porque, también, sin embargo, además, etc.), ya que funcionan como eslabones entre los distintos bloques de pensamiento. Hay que tomar en cuenta los detalles: el sentido cabal de cada palabra, cada frase y, por fin, todo el pasaje. Algunas preguntas claves que nos ayudan a localizar los detalles importantes son:

- ►¿Quién está actuando? ¿De qué habla? ¿Quiénes son los personajes claves y qué relación hay entre ellos?
- ►¿Dónde sucede? ¿Cómo puede gravitar el lugar en lo que sucede?
- ►¿Cuándo ocurre? ¿Importan la hora o el día de los hechos?
- ►¿Cuál es el énfasis y el propósito del autor?
- ►¿Por qué ocurrió? ¿Qué circunstancias pueden haber causado el acontecimiento?

Es en esta etapa del estudio donde mejor advertimos que la Biblia es un libro semejante a cualquier otro. Analizamos su lenguaje y estructura para entender lo que dice literalmente, como un texto escrito. Pero obviamente no podemos quedarnos con este nivel de estudio. Las dos caras de las Escrituras exigen un estudio más profundo, en especial para descubrir su carácter de revelación proposicional de Dios. El siguiente paso es entonces:

2. Interpretación.

Alguien ha dicho que una de las herramientas más útiles para el estudio bíblico es la "imaginación santificada". "Imaginación" en el sentido de que podemos ir más allá de las palabras escritas... para sentir como que observamos en persona alguno de los milagros de Jesús, o que escuchamos algunas de sus palabras, o que caminamos con sus discípulos. Y "santificada" en el sentido de separada, aplicada dentro de ciertos límites que luego indicaré.

Esto de ubicarse en el contexto del mensaje, de preguntar el "¿por qué?" tras el texto escrito, es lo que llamamos *interpretación*. Tal vez la mejor manera de enfocarlo es por medio de una serie de preguntas como las siguientes:

- ►¿Qué, en esencia, ha dicho el autor?
- ►¿Cuál habrá sido su intento al incluir estos versículos en su libro?
- ►¿Cómo se relacionan estos versículos con el argumento del autor y cómo ayudan en el desarrollo de su pensamiento?
- ►¿Cómo se puede describir el texto: una exhortación, una advertencia, un consuelo? ¿Resuelve un problema? ¿Corrige un error?

- ¿Es enseñanza sobre una doctrina en particular? ¿El estilo del autor nos revela algo acerca de su intento?
- ¿Puedes ubicarte en el lugar de los primeros lectores de este texto? ¿Cómo te hubieras sentido? ¿Qué reacción te hubiera generado?

Feliz el estudiante de la Biblia que se acerca a ella con una curiosidad viva y medita sobre lo que ha encontrado para entender todas sus implicaciones.

En el estudio es necesario tomar en cuenta los diferentes contextos. Primero el más inmediato, o sea, el de los versículos y párrafos que preceden y siguen a la porción elegida.

¿Qué relación hay entre esta porción y la anterior? ¿Hay progresión de ideas? ¿Cuál es el tema principal de la porción y qué relación tiene con su contexto inmediato?

Luego el contexto del libro entero. En los Evangelios, por ejemplo, hay una progresión muy clara en el relato. Podemos apreciarla en la actitud de los enemigos de Jesús, en la reacción de las multitudes, en los discípulos, en los anuncios de su muerte hechos por Jesús. Asimismo cada una de las epístolas posee un énfasis particular y desarrolla su argumento de distintas maneras. Es imposible, por ejemplo, entender correctamente los dos primeros capítulos de Romanos sin tomar en cuenta el versículo clave de enlace: 3.21

El tercer contexto es la Biblia misma, como suma de libros. Debemos situar la porción estudiada a la luz de todo cuanto expresa la Biblia. En el capítulo uno, hemos advertido la necesidad de no aislar ninguna verdad, para evitar cualquier desarmonía. Si faltamos a esta pauta de interpretación, podemos conseguir que la Biblia diga lo que se nos antoje. La historia del cristianismo abunda en ejemplos de personas que han "descubierto" una verdad en la Biblia cuando en realidad sólo habían tomado versículos fuera de contexto.

Si estudiamos un Evangelio conviene leer las porciones paralelas en los otros Evangelios. Varias versiones de la Biblia citan debajo de los subtítulos los pasajes paralelos, y al pie de cada página hay citas que amplían la comprensión del texto.

Uno de los peligros más graves de la interpretación bíblica es la "alegorización" del pasaje, es decir, la interpretación que va más allá de la intención del autor o de lo que los versículos dicen claramente. De esta forma, las Escrituras quedan sometidas al criterio y la imaginación individuales, y no el hombre a las Escrituras. El uso de la imaginación es válido dentro de los límites del texto (como ya hemos visto), pero sumamente destructivo si no los respeto.

Debemos aceptar los documentos del Antiguo y del Nuevo Testamento tal como los recibimos: la historia, como historia; la poesía, como poesía; la profecía, como profecía. No podemos buscar detrás de cada personaje una referencia a Jesucristo, ni detrás de cada relato una referencia al Evangelio. Hay muchas referencias directas, proféticas a Jesucristo en el Antiguo Testamento (a menudo citadas por el Nuevo Testamento), pero el Antiguo Testamento es fundamentalmente la historia del Pacto de Dios con su pueblo Israel, y es a la luz de este acontecimiento que podremos entenderlo mejor.

En los primeros pasos, entonces, analizamos los datos, y los ubicamos dentro del mensaje total de Dios. Pero aún nos falta la aplicación.

3. Aplicación.

Las Escrituras son esenciales para nuestro crecimiento espiritual, pero no suficientes, a menos que las aceptemos como un mensaje personal de Dios con aplicación a cada ámbito de la vida cotidiana.

Ya hemos visto la paradoja de la vida cristiana: es como una moneda con sus dos caras. En una de ellas vemos que Dios está obrando en nosotros, que su Espíritu nos está moldeando para hacernos hijos dignos de su Reino. La otra cara muestra que nuestra responsabilidad es inmensa y que no hay crecimiento sin obediencia a su Palabra.

Alguien ha dicho que hay como un 80% de la voluntad de Dios para cada uno de nosotros revelada ya en las Escrituras. Y tiene razón: hay pautas claras para la vida personal, para la vida familiar, y aún para la vida en sociedad.[43]

Toda escritura está inspirada por Dios y es útil para enseñar y reprender, para corregir y educar en una vida de rectitud.[44]

Toda Escritura es útil para:

a. Enseñar. Las Escrituras nos iluminan, nos muestran normativamente un "deber ser". En un mundo donde todos preguntan "¿Qué es la verdad?", disponemos de un mensaje escrito por Aquél que es la Verdad.

b. Reprender. La palabra es también un espejo en el que nos vemos a nosotros mismos. Nos vemos a la luz de la voluntad de Dios. Es la Palabra que:

...penetra hasta lo más profundo del alma y del espíritu, hasta lo más íntimo de la persona; y somete a

---

43 Trataré este último tema en el capítulo 7.

44 2 Timoteo 3.16

juicio los pensamientos y las intenciones del corazón.[45]

El Espíritu de Dios, a través de su palabra y de nuestra consciencia, nos reprende y exhorta.

c.   Corregir. El Espíritu nos reprende porque nos quedamos quietos. Escuchamos, pero no obedecemos. Es aquí, tal vez, donde muchos cristianos fracasan. Conocen las Escrituras pero no se esfuerzan por cambiar su antiguo estilo de vida. Cuando Jesús dijo:

...si tu mano o pie te hacen caer en pecado,
córtatelos y échalos lejos de ti... si tu ojo te hace caer
en pecado, sácatelo y échalo lejos de ti[46]

No estaba hablando de la "cirugía del quirófano" sino de la necesidad de proceder pronto y aun violentamente para corregir una situación grave. ¿Qué puedo hacer yo, ahora, para conformar mi vida a lo que Dios espera?

d.   Educar. en una vida de rectitud. Esta es la transformación de largo alcance. Al ir grabando la Palabra de Dios en nuestra mente y manera de vivir, hemos de ir acumulando cambios que nos llevan cada vez más cerca al modelo de persona que Dios propone. Es un proceso con tres elementos activos: la Palabra de Dios que es viva y eficaz, el Espíritu de Dios quien nos transforma desde lo más profundo de nuestro ser, y nuestra obediencia.

Los tres pasos del estudio bíblico (observación, interpretación y aplicación) son recursos, obviamente, flexibles. Cuando recién comienzas a examinar las Escrituras seriamente, seguramente encontrarás cosas difíciles. Pero el estudio es una tarea de edificación de verdad sobre verdad: lo que hicimos ayer nos ayuda con la tarea de hoy. Es un principio que el Señor mismo enseñó: Cuanto más tenemos, más podemos recibir.

Aún no he mencionado la oración en el estudio, básicamente porque es el tema del capítulo siguiente. Pero conviene destacar que será imposible aprovechar de la revelación de Dios sin ponernos en sus manos: "Señor, ésta es tu Palabra. Necesito que me hables, que me enseñes. Ayúdame a estudiar por medio de tu Espíritu Santo".

Preguntas para discusión

1.   *¿En qué sentido posee la Biblia una doble naturaleza?*
2.   *Si no tomamos en cuenta una u otra de esas naturalezas, ¿qué puede ocurrir?*

45 Hebreos 4.12
46 Mateo 18.9

3. ¿Por qué es esencial que seamos "el pueblo del Libro"?
4. ¿Por qué hay personas que conocen bien la Biblia y sin embargo no son auténticos cristianos?
5. ¿Cuáles son las pautas que debemos seguir para un programa personal y efectivo en la lectura de la Biblia? En el estudio bíblico, ¿qué quiere decir "contexto"?
6. ¿Qué herramientas nos ayudarán en el estudio bíblico?
7. ¿Cuál es el mayor de los peligros en la interpretación bíblica?
8. ¿Qué lugar ocupa en el estudio bíblico la imaginación?
9. ¿Cómo podemos lograr que lo aprendido sea definitivamente nuestro?

4
En Diálogo con Dios

"Pidan, y Dios les dará; busquen, y encontrarán; llamen a la puerta, y se les abrirá" (Mateo 7.7).

Uno de nuestros mayores privilegios como hijos de Dios es el de conversar abiertamente con nuestro Padre. Él nos habla por medio de su Palabra; nuestra respuesta es la oración.

La oración es, básicamente, una conversación con Dios. No es una fórmula de palabras mágicas ofrecidas a cambio de algún beneficio. Se trata de algo muy personal, de una conversación íntima con alguien a quien amamos y quien nos ama. Alguien que vive, que nos escucha y que permanece a nuestro lado. Si tenemos eso en mente quizás cuidemos mucho cómo y sobre qué oramos.

La oración está estrechamente ligada a una dimensión de la vida cristiana que mencioné en el capítulo uno: todos los que somos de Jesucristo somos también sacerdotes de Dios. Pedro dijo que el Espíritu Santo estaba preparando:

... un sacerdocio santo, que por medio de Jesucristo ofrezca sacrificios espirituales, agradables a Dios.[47]

Y el autor del libro de Hebreos aclara que la alabanza es el sacrificio que debemos ofrecer.

¡Alabémoslo, pues, con nuestros labios![48]

El sacerdote debe cumplir dos funciones: representar al pueblo en la presencia de Dios y representar a Dios en medio del pueblo. La

---

47 1 Pedro 2.5
48 Hebreos 13.15

primera tiene que ver con la oración de gratitud, ofrecida como servicio sacerdotal. La segunda tiene que ver con "el olor de Cristo" que llevamos en nuestra persona después de haber estado en presencia de Dios. Nos referiremos a la primera más adelante, y a la segunda en el capítulo siguiente.

Jesucristo nos autoriza a entrar con confianza en la presencia de Dios. La Biblia nos afirma, por ejemplo, que la oración debe ser "en el nombre de Jesús"[49], que él es nuestro abogado,[50] que es el nexo entre el hombre y Dios.[51] Pertenecemos a Jesucristo y entramos en presencia del Creador del universo con la autorización de Jesucristo mismo para pedir en su nombre.

La Biblia puntualiza algunas características especiales en nuestra conversación con Dios:

Honestidad

Muy raras veces somos completamente honestos con los demás. Hay innumerables aspectos de nuestras vidas que no hemos confiado a nadie. En la práctica, por ejemplo, compartimos más con un amigo que con un compañero de trabajo, y aún más con nuestro esposo o esposa. Pero a Dios no podemos ocultarle nada... debemos quitarnos las máscaras. No hay razón alguna que nos permita fingir delante de él que seamos otra cosa a lo que en realidad somos: el Señor sabe lo que somos.

...todo está claramente expuesto ante aquel a quien tiene que rendir cuentas.[52]

La desconfianza, el miedo a descubrir nuestras debilidades y faltas no tiene sentido frente a Dios. Podemos confesarle a Dios nuestras faltas y debilidades con la certidumbre de que nos acepta y ama tal cual somos. La promesa es que:

...si confesamos nuestros pecados, podemos confiar en que Dios que es justo, nos perdonará nuestros pecados y nos limpiará de toda maldad.[53]

La falta de honestidad, crea una barrera entre nosotros y Dios. Ya que él nos conoce, espera que seamos lo suficientemente maduros para asumir ante él nuestras faltas.

El poder del Señor no ha disminuido como para no

---

49 Ver Juan 14.13 y 14; 15.16

50 1 Juan 2.1

51 1 Timoteo 2.5

52 Hebreos 4.13

53 1 Juan 1.9

poder salvar, ni él se ha vuelto tan sordo como para no poder oír. Pero las maldades cometidas por ustedes han hecho que él se cubra la cara y que no los quiera oír.[54]

La confesión de pecados mantiene abierta la comunicación entre nosotros y el Padre. No es necesario que seamos perfectos para que nos reciban pero sí que seamos abiertos y honestos.

Gratitud

La gratitud y la alabanza caminan juntas. Dios espera la gratitud y alabanza como reconocimiento por sus dones y beneficios. Nos ha dado muchísimo, aun cuando no lo merecemos y nuestra oración de cada día debe expresar el sentir del profeta:

Este es nuestro Dios, en él confiamos y él nos salvó. Alegrémonos, gocémonos, él nos ha salvado.[55]

La gratitud también surge de la seguridad de que Dios contesta nuestra oración. Aunque en muchas ocasiones tendremos que esperar su respuesta. Deberemos perseverar con paciencia hasta que no nos quede duda alguna de que el resultado no es una mera combinación de circunstancias sino la iniciativa de su mano poderosa. Por esto Pablo nos exhorta a orar con expectativa, anticipando la contestación de Dios:

Manténgase en la oración, siempre alerta y dando gracias a Dios[56]

El apóstol advirtió esta cadena:
oración - > contestación - > agradecimiento.

Si muchos oran por nosotros, muchos también darán gracias a Dios por las bendiciones que de él recibimos.[57]

Intercesión

Es la oración en favor de otros. ¡Cuántas veces estamos tan enfrascados y eufóricos con reuniones y actividades que nos olvidamos que la verdadera lucha se da a nivel espiritual! Toda actividad y todo esfuerzo resultan estériles si en ellos no actúa el Espíritu de Dios.

Es cierto que somos humanos, pero no luchamos como los hombres de este mundo. Las armas que usamos, no son las del mundo, sino que son poder de Dios capaz de destruir fortalezas. Y así destruimos las acusaciones y toda altanería que pretenda impedir que se

---

54 Isaías 59.1
55 Isaías 25.9
56 Colosenses 4.2
57 2 Corintios 1.11b

conozca a Dios. Todo pensamiento humano, lo sometemos a Cristo, para que lo obedezca a él.[58]

Por esto intercedemos por nuestros parientes, por nuestros compañeros de trabajo y estudio, por los hermanos en Jesucristo con quienes tenemos comunión. Si deseamos verlos crecer espiritualmente y dar fruto, debemos poner sus vidas en las manos de Dios. Pero, ¿qué pedimos por ellos? El apóstol Juan nos contesta:

Tenemos confianza en Dios, porque sabemos que si le pedimos algo conforme a su voluntad, él nos oye. Y así como sabemos que Dios oye nuestras oraciones, también sabemos que ya tenemos lo que le hemos pedido.[59]

Si pudiéramos ponernos a tono con los pensamientos y planes de Dios, entonces podríamos también orar con confianza, seguros de que él nos escucha y nos contestará. Obviamente, él puede obrar solo, sin nosotros, pero prefiere incluirnos en sus planes y darnos la oportunidad de participar en su obra por medio de la oración.

Hay dos maneras en las que podemos conocer la voluntad de Dios y así orar con confianza. La primera es por medio de las Escrituras: en ellas no sólo hallamos declaraciones específicas sino también principios básicos para aplicar a nuestras propias circunstancias, aunque no tengan paralelo con las del siglo I. El bosquejo general de la voluntad de Dios para con nosotros y para los demás ya ha sido revelado.

Las Escrituras también nos ofrecen varios "modelos" de oración, y estos tienen aspectos en común que nos ayudan a ver las prioridades de Dios para su pueblo. Mira, por ejemplo, estas seis oraciones de Pablo: Efesios 1.16-19; 3.14-19; Colosenses 1.9 y 10; 2.1-3; 2 Tesalonicenses 1.11 y 12.

Al repasar estos ejemplos de oración, vemos que Pablo se preocupa afanosamente de que los otros crezcan en su conocimiento de Dios y de Jesucristo, porque para él esto es fundamental. Sobre ese conocimiento puede el cristianismo edificar su vida.

Pide también que crezcan en su vida interior y que vivan para glorificar al señor. Sobre este conocimiento puede el cristiano edificar una vida que demuestra la realidad del Cristo que mora en sus discípulos.

Pablo también desea que sean fructíferos, que comiencen a dar frutos en otras vidas. La obra que Dios comienza en cada uno de

---

58 2 Corintios 10.3-5
59 1 Juan 5.14 y 15

nosotros, es una obra que debe llegar a otros por medio de nosotros.

La otra manera en la que podemos hacer la voluntad de Dios es a través de la oración misma. La oración verdadera no es un monólogo, sino una conversación. Mientras oramos, el Espíritu Santo puede sugerirnos una nueva idea, o convencernos de que tenemos razón o no, recordarnos que alguien o algo debe ser tema de oración. Dios nos ayuda a ver su voluntad para que podamos orar con inteligencia, y cuando nos enfrentamos con una situación por la que no sabemos cómo orar,

> *...el Espíritu nos ayuda en nuestra debilidad. Porque no sabemos orar como es debido, pero el Espíritu mismo ruega a Dios por nosotros, con gemidos que no pueden expresarse con palabras. Y Dios, que examina nuestros corazones, sabe qué es lo que el Espíritu quiere decir; porque el espíritu ruega, conforme a la voluntad de Dios, por los del pueblo santo.*[60]

Petición

La petición es la oración por nuestras propias necesidades. Lo mencionamos en último lugar porque nos preocupamos tanto por lo nuestro que dejamos de lado los otros aspectos de la oración. Sin embargo, no hay nada de vanidad en pedir por nosotros mismos. Pablo mismo lo hizo,[61] y más de una vez pide oración de parte de las iglesias.

La vida del discípulo es una vida de dependencia: Dios no nos llama para que seamos agentes independientes sino para que aprendamos a vivir una permanente relación con él, y esa relación tiene que ver con todos los aspectos de la vida. Tiene que ver con el trato entre nosotros y nuestros familiares e hijos, con lo que hacemos con nuestro dinero, con la manera en que pasamos nuestras vacaciones, con todo. Ya que no hay aspecto de nuestras vidas que quede fuera del alcance del discipulado cristiano, tampoco hay aspecto de nuestras vidas que sea indiferente para el Señor. Todo le interesa y puede ser tema de oración.

En su primera carta a la iglesia en Tesalónica, el apóstol Pablo escribió "Oren en todo momento",[62] para indicar que esta actitud de dependencia del hijo de Dios no se limita a tiempos específicos de oración sino que debe ser constante. ¡Claro que cuando conversamos con alguien o estamos concentrados en los estudios o el traba-

---

60 Romanos 8.26 y 27

61 2 Corintios 12.8

62 1 Tesalonicenses 5.17

jo, no estamos pensando directamente en Dios! Pero debemos vivir conscientes de su presencia para poder decir; en cualquier momento, "gracias, Padre" o interceder por alguien o replantear un problema y pedir sabiduría. El señor siempre está con nosotros y desea nuestra comunión con él a lo largo del día.

La entrevista cotidiana

La mayoría de nosotros estamos tan ocupados con las distracciones constantes de la vida, el estudio, el trabajo y otras cuántas cosas más, que a menos que nos fijemos un tiempo específico para la lectura y la oración, fácilmente las dejamos de lado.

Dios merece nuestra adoración sencillamente por el hecho de que es Dios, Creador y Señor. Y tanto más lo merece por cuanto es Salvador y Padre. Lo menos que podemos hacer es consagrarle algo de nuestro día con el sólo propósito de estar a solas en su presencia. Será un momento de compañerismo.

Escuchamos a Dios por medio de su Palabra escrita y respondemos por medio de la oración. Ambas cosas son necesarias: frecuentemente la lectura nos da motivos para orar.

Es imposible presentar un plan de oración a solas con Dios que conforme a todos. La diversidad de situaciones y actividades determinará el programa de cada uno. De todos modos, y a manera de ayuda, puedo sugerirte lo siguiente: La hora debe ser fijada como prioridad, es decir, comprometida de antemano y respetada. Si uno espera tener un momento libre, es casi seguro que no lo hará nunca. Así como todos los días fijamos la hora para comer, así debemos apartar unos momentos para esta cita tan importante.

¿Cuánto tiempo? Algunos han sugerido un mínimo de veinte minutos, aunque a otros esos veinte minutos no les alcanza siquiera para la lectura.

El lugar debe ser tranquilo y conviene estar a solas. El Señor Jesús dijo:

> *...tú, cuando ores, entra en tu cuarto, cierra la puerta y ora a tu padre en secreto.*[63]

Necesitamos hacer un paréntesis en la actividad y la distracción, como para olvidarnos de todo y concentrarnos en la presencia cercana de nuestro Padre.

---

63 Mateo 6.6

Si oramos de noche, cansados, aun a riesgo de dormirnos, entonces oremos de pie o caminando. Nadie ni nada nos exige que oremos de rodillas... o con los ojos cerrados. Hay quienes lo hacen por la mañana y quienes lo hacen muy tarde, casi sobre el filo de la madrugada. En cada caso, la mejor hora es aquella en que cada uno permanece atento, listo para un nuevo encuentro con el Señor.

Oración en familia

Según el pasaje ya citado de Hechos,[64] los primeros discípulos de Jesucristo se ocupaban de la enseñanza de los apóstoles, compartir lo que tenían, reunirse para partir el pan y la oración. Otros pasajes del mismo libro refieren a la iglesia congregada en oración. El señor de esa comunidad había sembrado la semilla:

> *Esto les digo: si dos de ustedes se ponen de acuerdo aquí en la tierra para pedir algo en oración, mi Padre que está en el cielo se lo dará. Porque donde dos o tres se reúnen en mi nombre, allí estoy yo en medio de ellos*[65]

Y lo tomaron muy en serio. Disfrutaban el privilegio y la responsabilidad de la oración como una actividad primordial de la familia de Dios.

En nuestra comunión con los hermanos, la oración ha de ocupar un lugar central. Sean dos compañeros de estudio preocupados por sus amigos, o dos discípulos de Jesucristo que viven en el mismo barrio, o una congregación, la comunión que experimentan brota de la comunión individual y la comunitaria con el Padre.[66]

Reunirnos con otros hermanos para orar, puede resultar una grata experiencia, donde todos sentimos la presencia de Jesucristo y la seguridad del encuentro con el Creador. Aunque también puede resultar aburrido y hasta artificioso.

Depende de nuestra actitud y la manera en la que oramos. Indico algunos de los factores que condicionan el ambiente y la madurez de la oración grupal:

1.   Es imprescindible que todos seamos honestos. Es muy fácil ponernos la máscara de santidad cuando oramos con otros. La comunión de la oración debe crear el ambiente donde todos puedan

---

64 Hechos 2.42
65 Mateo 18.19-20
66 Ver 1 Juan 1.3

*com*partir libremente las necesidades personales. Es la oportunidad para orar por la situación real de cada uno y testimoniar cómo Dios está obrando y respondiendo.

2. Debemos ser concretos y objetivos y no caer en ambigüedades y generalizaciones. "Padre, bendice a todos los creyentes", no es algo específico. "Padre, ayuda a Juan a superar su impaciencia en el trabajo", es específico y objetivo. Si pido al Señor que salve a toda la gente de mi ciudad, me alejo de lo real, ya que ni las experiencias ni las Escrituras apoyan semejante súplica. Pero si pido al Señor que me dé un amigo con quien compartir el Evangelio, entonces sí he pedido algo real.

La petición objetiva, o real, se basa en las Escrituras y en la medida de la fe que nuestra experiencia con Dios y sus contestaciones han conformado. Si pedimos conforme a la fe real que tenemos, y por algo específico, podremos luego dar gracias a Dios por sus respuestas específicas.

3. Las oraciones en el grupo deben ser cortas. Conviene que cada uno ore brevemente por algo en particular, y no que alguien abuse del tiempo con una oración que pretende abarcar todo. La primera persona, por ejemplo, puede comenzar con una oración de gratitud; la segunda continuar con una petición específica; la tercera con más detalles y otro aspecto de lo que ya se puso en oración; la cuarta puede introducir un nuevo motivo, etc. De esta manera todos podrán participar y el pensamiento y la oración del grupo avanzará con sensatez. Jesús dijo que no es necesario que las oraciones sean largas para que sean efectivas. Y no es necesario repetir cada petición muchas veces.

> *Y al orar, no repitan ustedes palabras inútiles, como hacen los paganos, que se imaginan que cuanto más hablen más caso les hará Dios.*[67]

Para muchas personas, la oración es un ejercicio religioso con poco sentido, pero nosotros sabemos que involucra una línea abierta de comunicación con el Padre. No oramos por obligación sino por necesidad y por propia voluntad, porque estamos más seguros de que junto con el Señor podemos hacer muchas cosas, y sin él, nada. La comunidad cristiana debe apuntar a que la vida de un cristiano sea un "orar sin cesar".[68]

---

67 Mateo 6.7
68 1 Tesalonicenses 5.17

Preguntas para la discusión

1. Si Dios ya sabe todo, ¿por qué es necesario orar?
2. ¿Cómo repercute en nuestras vidas el hecho de que todos somos sacerdotes?
3. ¿Qué factores pueden dificultar la respuesta de Dios?
4. ¿Por qué Dios a veces demora en contestar?
5. ¿Qué diferencia hay entre intercesión y petición y qué lugar ocupan ambas en la oración?
6. ¿Cómo afecta 1 Juan 5.14 nuestra oración?
7. ¿Qué lugar y qué hora son más apropiados para la oración?
8. ¿Cuáles son los rasgos más importantes de la oración en grupos?
9. ¿Qué quiere decir "orar por temas"?

.

5
Embajadores de Cristo

"Así que somos embajadores de Cristo, lo cual es como si Dios mismo les rogara a ustedes por medio de nosotros"

(2 Corintios 5.20).

El embajador es un diplomático que representa a su país en otro país. Viaja en nombre de su gobierno y "representa a la persona misma del Jefe de Estado que lo envía"—como dicen los diccionarios—con autoridad para hablar en nombre de su país y de su mandatario. Nosotros somos embajadores de Jesucristo. Hemos elegido ser ciudadanos de su Reino[69] y ahora lo representamos aquí. Nos ha llamado a ser una nación santa, su propio pueblo[70]. Sin embargo, no nos aísla del mundo: nos coloca en el mundo con una misión y con la autoridad suficiente para llevarla a cabo. Así como el embajador se considera representante del mandatario que lo envía, así también nosotros hablamos en nombre de Jesucristo y compartimos su palabra.

Como el Padre me envió a mí, así yo los envío a ustedes.[71]

El rol del embajador subraya el énfasis del Nuevo Testamento en la responsabilidad de cada discípulo de confrontar a la gente con Jesucristo. Por ejemplo, Jesús anuncia a sus discípulos, poco antes de su ascensión, que:

---

69 Colosenses 1.13

70 1 Pedro 2.9

71 Juan 20.21

...cuando el Espíritu Santo venga sobre ustedes, recibirán poder y saldrán a dar testimonio de mí....[72]

La versión Reina-Valera traduce "y me seréis testigos". El *testigo* es uno que comparte con los demás lo que sabe y ha experimentado. Somos testigos porque nos hemos encontrado con el Dios viviente en Jesucristo, y ese encuentro ha cambiado nuestras vidas. No es necesario tomar un curso de preparación antes de poder hablar de Jesucristo a otros. El testigo simplemente habla de lo que ha *experimentado* de Jesucristo, y si intenta ir más allá de eso, corre el peligro de dar un testimonio falso.

Es obvio que con el tiempo y el estudio, podremos ofrecer un mejor testimonio y mejores respuestas. En principio hablaremos de lo que sabemos, y si nos preguntan algo que ignoramos sencillamente diremos: "Bueno... no lo sé, pero trataré de averiguarlo para darte una respuesta la próxima vez." Como hizo Pancho, un borracho que pasaba buena parte de su vida alcoholizado hasta que un día llegó a sus manos un curso por correspondencia sobre la Biblia. Encontró unas palabras que lo conmovieron:

Los que están sanos no necesitan médico, sino los enfermos. Yo no he venido a llamar a los justos, sino a los pecadores[73]

Pancho se entregó al Médico verdadero y fue transformado. Cuando sus viejos compañeros le preguntaban qué le había pasado, Pancho les hablaba del Médico que vino a buscar a los pecadores y de la manera en la cual lo había sanado. Dio testimonio de lo que él mismo había experimentado. Habló de lo que sabía.

Hay otra figura que acompaña a la del *testigo*. Dios es *luz*,[74] y esa misma luz "resplandeció en nuestros corazones".[75] Ya somos "gente de luz",[76] y nuestra vida ha de resplandecer en nuestra sociedad como una luz en la oscuridad.

Ustedes son la luz del mundo... procuren ustedes que su luz brille delante de la gente, para que, viendo el bien que ustedes hacen, todos alaben a su Padre que está en los cielos.[77]

Si es verdad que somos una nueva creación de Dios y que el Espíritu Santo habita en nosotros, entonces esa verdad debe hacerse evi-

---

72 Hechos 1.8
73 Marcos 2.17
74 Juan 1.5
75 2 Corintios 4.6, RV
76 Juan 12.36
77 Mateo 5.14-16

dente. Aquí vale la pena recalcar la inutilidad de separar "el testimonio de vida" de "el testimonio de palabra". Es una distinción artificial, pues Jesús dijo:

De lo que abunda en el corazón, habla la boca.[78]

Y la persona que está llena de Jesucristo lo demostrará con palabras y hechos concretos. En su segunda carta a la iglesia de Corinto, Pablo dice que somos un aroma de Jesucristo, como un perfume de la presencia de Jesucristo que penetra en nuestra vida y atrae (o repele) a la gente,[79] y agrega que somos como una carta acerca de Jesucristo escrita por el Espíritu Santo, una carta que Dios ha enviado para que todos lean.[80] Mateo habla de los pescadores de hombres[81] y sal de la tierra.[82] Las imágenes abundan.

Existe la tendencia, especialmente en América Latina, de pensar que la evangelización es trabajo de pastores y misioneros. También existe la tendencia a pensar que las reuniones de la iglesia (especialmente el domingo por la noche) son para "evangelizar", y entonces todo consiste en invitar gente a las reuniones. Pero a la luz de lo mucho que dice el Nuevo Testamento del tema, advertimos que el ministerio de la evangelización pertenece al pueblo de Dios, y en cada momento del día. Todo hijo de Dios es embajador luz, testigo.

¿Qué hacer?

Fundamentalmente, nuestra tarea es asegurarnos de que la otra persona conozca lo suficiente acerca de la persona y obra de Jesucristo como para aceptarlo o rechazarlo. De allí que el primer paso para nosotros sea siempre escuchar; escuchar y preguntar, si es necesario, para saber dónde está ubicada la otra persona en relación con Jesucristo.

Es que el Señor habló de una manera tan distinta a cada persona. En sus encuentros con Nicodemo,[83] la mujer Samaritana[84] y el joven rico,[85] hay tres conversaciones que difieren completamente. No es que Jesús haya compartido un evangelio distinto con cada uno, sino que

---

78 Mateo 12.34
79 2 Corintios 2.15 y 16
80 2 Corintios 3.2 y 3
81 Mateo 4.19
82 Mateo 5.13
83 Juan 3.1-21
84 Juan 4.1-42
85 Mateo 19.16-30

tuvo en cuenta la situación personal de cada persona para acercarla a

sí mismo. Tuvo la ventaja de saber quién y qué era cada uno de ellos. También nosotros podemos comprender mejor a los demás, y saber mejor cómo comunicarles el mensaje, si primero escuchamos.

Hay preguntas, por ejemplo: "¿Piensas qué Jesús en realidad vivió, o no?", ¿Crees que es posible ser un auténtico cristiano en nuestro tiempo?, ¿Qué opinas de la Iglesia? Preguntas que sirven tanto para abrir una conversación como para esclarecer la condición espiritual del otro. Puesto que cada persona es distinta, nuestra tarea radica en ubicarla donde está ella y confrontarla con Jesucristo. Pedir a una persona una decisión cuando aún carece de la base adecuada, normalmente resulta un aborto y no un nuevo nacimiento. Cualquier decisión es ficticia si no surge de una consciencia plena de a quién se entrega y qué significa para un futuro.

La presión emocional da lugar a los "convertidos emocionales", así como cierto énfasis intelectual puede redituar "convertidos intelectuales". En ambos casos, abundan en las iglesias los convertidos "a la religión de los evangélicos", sin haber entregado su vida al Dios vivo. Entre sus últimas instrucciones Jesús dijo:

> *Vayan, pues, a las gentes de todas las naciones, y háganlas mis discípulos; bautícenlas... y enséñenles a obedecer todo lo que les he mandado a ustedes.*[86]

Dios nos llama a ser discípulos verdaderos de Jesucristo y también nos compromete a forjar nuevos discípulos. El compromiso no es traerlos a nuestra "religión", sino llevarlos hasta el Señor.

Cuando alguien se interese por tu testimonio, puedes darle un ejemplar del Nuevo Testamento (no conviene una Biblia porque corre el riesgo de extraviarse en el Antiguo Testamento) y sugerirle que comience a leer uno de los Evangelios. Y cuando en la charla surja la oportunidad, debes referirte a la Palabra, y aún más, leer juntos una porción. Lo ideal es poder tener con él un encuentro bíblico, que es un estudio de dos o más personas con la ayuda de una guía de estudio preparada especialmente para este tipo de encuentros. En el apéndice 2 incluyo la justificación de la dinámica del pequeño grupo para el encuentro bíblico.

Pablo dijo que quien siembra el evangelio es un colaborador de Dios.[87] No obramos por cuenta nuestra sino que llevamos la Palabra de Dios, somos apoyados por su Espíritu y hablamos en el nombre del Hijo. Tenemos el privilegio de compartir un trabajo que Dios está

---

86 Mateo 28.19 y 20
87 1 Corintios 3.9

haciendo. Jesús dijo:

> *Una rama no puede dar uvas de sí misma, si no está unida a la vid; de igual manera, ustedes no pueden dar fruto, si no permanecen unidos a mí.*[88]

Esto implica que la oración es aún más importante en la evangelización que en nuestra preparación y conocimiento. Necesitamos pedir que el Señor nos ayude a reconocer las oportunidades para hablar; que nos dé sencillez y discernimiento para comprender las carencias y los problemas de la otra persona; que nos dé sabiduría y confianza para compartir nuestro testimonio acerca de Jesucristo; que nos ayude a recordar las porciones correctas de la Palabra que necesitamos, son peticiones que nos estrechan a Dios en su propósito de crear una nueva creación.

Junto con el testimonio verbal, la literatura es un arma poderosa. La página impresa es el mensajero silencioso que a menudo penetra donde el predicador nunca lo consigue. Es un mensaje accesible que cualquiera puede utilizar sin participar necesariamente en una reunión pública. Hay hogares, por ejemplo, que dejan a mano revistas evangélicas. Las visitas las advierten, o los dueños de casa las comentan; pero en ambos casos se trata de una oportunidad para que las visitas lleven la revista y lean "este artículo tan interesante".

Y no faltan los estudiantes que van a clases con una revista o un libro y lo dejan encima de sus libros de estudio. Tienen entonces muchas ocasiones de charlar con los que preguntan, "¿De qué trata?", y de prestarla para leer... "este artículo muy interesante". En todo caso una revista, un libro, o un folleto pueden ser motivo para abrir una conversación acerca de Jesucristo.

El mensaje

Una de las palabras más usadas en el Nuevo Testamento para describir el testimonio acerca de Jesucristo es "evangelizar". Literalmente quiere decir "anunciar una buena noticia". Jesucristo anunció la buena noticia (evangelio) del Reino de Dios,[89] y los apóstoles no cesaban de enseñar y predicar (literalmente, "evangelizar", anunciar una buena noticia acerca de Jesucristo).[90]

Dios nos habló de su mensaje mediante Jesucristo,[91] y nosotros tenemos un mensaje que comunicar.

> *...¿cómo van a invocarlo, si no han creído en él?*

---

88 Juan 15.4
89 Marcos 1.14
90 Hechos 5.42, Versión Reina-Valera
91 Hebreos 1.1, 2

45

> *¿Y cómo van a creer en él, si no han oído hablar de*
> *él? ¿Y cómo van a oír, si no hay nadie que nos anuncie*
> *el mensaje?[92]*

Para entrar en la vida, es necesario conocer lo suficiente acerca de Jesucristo para tomar una decisión consciente. Y este conocimiento se da por la Palabra, en parte por el ejemplo de nuestras vidas, y en parte por nuestro testimonio verbal. ¿Cuál es, entonces el mensaje que debemos comunicar? La manera más sencilla de saberlo consiste en repasar el testimonio de los apóstoles. En los Hechos hay varios mensajes apostólicos,[93] y si hacemos un resumen de su contenido concluimos en que la predicación del Evangelio ha de incluir, por lo menos, los siguientes elementos:

1. Datos acerca de la persona de Jesucristo.

Hay tres temas que se repiten:

a.   Su vida. Aquí tenemos el único ejemplo de un hombre verdaderamente bueno; lo vemos en la manera en cómo servía a la gente, en su objetividad, en su amor genuino, en su rechazo a la falsedad y la hipocresía, en su sabiduría y justicia. Cualquiera que sigue atentamente la vida de Jesucristo ha de exclamar, como los discípulos, ¿Quién será éste...?.[94]

b.   Su muerte. A diferencia de los otros grandes protagonistas de la historia, es indispensable comprender la muerte de Jesucristo para poder comprenderlo a él. A la luz de la cruz de Jesucristo comprenderemos la inmensidad del amor de Dios y la gravedad del precio de nuestro pecado. La cita que sigue:

> *En primer lugar, les he enseñado la misma tradición*
> *que yo recibí, a saber, que Cristo murió por nuestros*
> *pecados, según las Escrituras[95]*

trasluce una de las prioridades básicas del apóstol Pablo.

c.   Su resurrección. ¡Jesús vive! No servimos a un sabio maestro del pasado, sino al Señor del Universo, al Victorioso que derrotó a la muerte. El hecho de que Jesucristo vive y actúa ahora en nuestras vidas, es lo que distingue a la fe cristiana de todas las religiones conocidas. La Resurrección es el punto clave, la confirmación de la verdad de Jesucristo.

2. La respuesta que Dios espera de nosotros.

Hay por lo menos cinco palabras que describen esta respuesta:

---

92 Romanos 10.14

93 Ver, por ejemplo, Hechos 2.14; 3.12; 4.9; 10.34, etc.

94 Marcos 4.41

95 1 Corintios 15.3

a.   Arrepentimiento. Juan el Bautista,[96] Jesús mismo[97] y los apóstoles llamaron al arrepentimiento. "Arrepentirse" quiere decir cambiar de mentalidad y propósito. Refiere a la decisión consciente del nuevo discípulo de Jesucristo de abandonar su antiguo estilo de vida para servir al Señor.

b.   Fe. En castellano la palabra "creer" carece de la intensidad del vocablo griego utilizado por los apóstoles. "Creo en Jesucristo", tiene hoy el sentido de "estoy de acuerdo en que Jesucristo existe y pienso que lo que dijo es verdad", mientras que para los primeros cristianos significaba "me he confiado a Jesucristo, me he comprometido con él".

c.   Conversión. Es un término común en el Nuevo Testamento y significa "dar la vuelta". Normalmente aparece en su sentido literal, pero de vez en cuando (8 de 38 casos) es traducido "convertirse". Sugiere el cambio repentino de uno que está transitando por un camino y de pronto toma otro en dirección contraria.[98]

d.   Obediencia. El discípulo obedece a su maestro. El apóstol Pablo recuerda que su tarea consistió en:

Todo pensamiento humano lo sometemos a Cristo, para que lo obedezca a él.[99]

Y el Señor refirió la obediencia de la siguiente manera:

El que recibe mis mandamientos y los obedece, demuestra que de veras me ama[100]

e.   Bautismo. En el Apéndice 1 menciono que el bautismo es la manifestación pública de una decisión interior. Los apóstoles esperaron de la gente un cambio de vida, una entrega a Jesucristo y con el consiguiente bautismo para mostrar al mundo su nueva condición.

El mensaje es una persona, y el desafío es una entrega incondicional a él. El meollo del evangelio no es lo que recibimos, sino El que nos recibe.

En familia

La tarea de evangelización no es solamente individual, sino que brota de la comunión entre los miembros de la familia de Dios. Es una tarea para la que necesitamos el apoyo de los demás, tanto en la oración como en la acción. Cabe esperar que los discípulos de Jesucristo en una facultad, en un barrio, o en un taller se unan y se asistan en el testimonio. Dos o más compañeros de estudio o trabajo, por

96 Marcos 1.4

97 Marcos 1.15

98 Ver, por ejemplo, Mateo 9.22 para el uso común de la palabra.

99 2 Corintios 10.5

100 Juan 14.21 RV

ejemplo, pueden dedicar un tiempo a la oración cada semana para compartir el progreso de sus contactos con no creyentes y para buscar respuestas a los interrogantes planteados. Serán momentos para compartir cada nueva experiencia con el Señor de sus vidas, para agradecerle su ayuda y para interceder por las necesidades de cada uno y por los esfuerzos de todos en el testimonio.

Del mismo modo, dos amas de casa pueden planear juntas un "té" para sus vecinas con el propósito de conocerse mejor y ofrecer un sencillo encuentro bíblico semanal. En algunos países hay centenares de grupos de "té-estudio" que han sido un medio efectivo para que muchas familias se encuentren con Jesucristo. Varios de los materiales para encuentros bíblicos sirven para este propósito.

Actualmente se hace difícil invitar a la gente a las reuniones de una iglesia. Si bien la mayoría cree en Dios y tiene interés por conocer mejor la Biblia, descarta la posibilidad de asistir a reuniones religiosas. Sin embargo, muchos de ellos están abiertos a la posibilidad de participar en una discusión sobre la Biblia en un hogar o algún otro lugar "neutral".

En cierto sentido, el "ambiente" del encuentro es más importante que el mismo mensaje.

¡Cuánta gente jamás pisa el templo cristiano porque les resulta un ambiente artificial y frío, y sin embargo los atrae el amor y la intimidad de un hogar donde reina Jesucristo! Cuando hay amor genuino, cálido y atento, los no cristianos reconocen al Dios vivo en medio de nosotros.[101]

En la práctica, lo que sabe la mayoría de la gente acerca de Jesucristo y del Evangelio, es lo que sabe de nosotros. Y también en la mayoría de los casos, ninguno de ellos podrá encontrarse con Jesucristo a menos que lo halle en nosotros, sus discípulos.

Así que somos embajadores de Cristo, lo cual es como si Dios mismo les rogara a ustedes por medio de nosotros.[102]

---

101   Juan 13.35
102   2 Corintios 5.20

Preguntas para la discusión

1. En el contexto de la vida cristiana, ¿qué quiere decir ser "embajador"?
2. ¿Cuál es la misión del embajador de Jesucristo y con qué autoridad la lleva a cabo?
3. ¿Cuál es la diferencia entre "hacer convertidos" y "hacer discípulos"?
4. ¿Qué es lo más importante para el embajador: la vida que lleva o el mensaje que comunica?
5. Con tus propias palabras, ¿cuál es contenido mínimo del mensaje que debemos comunicar?
6. ¿Cuál es el lugar más apropiado para la evangelización?
7. ¿De qué manera dos o más discípulos de Jesucristo pueden evangelizar juntos?

6
El Camino Angosto

"Hermanos míos, ustedes deben tenerse por muy dichosos cuando se vean sometidos a pruebas de toda clase"

(Santiago 1.2).

El camino que escogiste al entregarte a Jesucristo no es el más cómodo. A menudo angosto, con obstáculos formidables y pendientes pronunciadas, es el camino que casi todos evitan.

Porque la puerta y el camino que llevan a la perdición, son anchos y espaciosos, y muchos entran por ellos; pero la puerta y el camino que llevan a la vida son angostos y difíciles, y pocos lo encuentran.[103]

Frecuentemente nos presentan la vida cristiana como la solución a todo problema: una vida siempre victoriosa. Pero si reflexionamos un poco, nos daremos cuenta de que no es así. Es una vida llena de verdadera paz y gozo a pesar de las dificultades, pero no una vida sin dificultades.

Por un lado, hay problemas que nos agobian por el mero hecho de existir en un mundo conflictivo. Es insensato pretender eludirlos. El Padre ha dispuesto que:

...su sol salga sobre malos y buenos, y manda la lluvia sobre justos e injustos.[104]

---

103 Mateo 7.13
104 Mateo 5.45

Terremotos, tormentas, enfermedades, violencia, guerras, accidentes, son calamidades que caen sobre cualquiera. No los podemos evitar por el mero hecho de ser discípulos de Jesucristo. No tenemos ninguna protección mágica. Somos de carne y hueso. En Romanos 8 el apóstol Pablo bosqueja una clara comprensión de nuestra identidad con los dolores de la creación. Y concluye así:

> *Sufrimos profundamente, esperando el momento para ser adoptados como hijos de Dios, con lo cual serán libertados nuestros cuerpos.*[105]

La última etapa, la redención de nuestros cuerpos, es todavía futura. Hemos de compartir ahora el sufrimiento de todo lo creado. Sin embargo, tenemos la gran ventaja de saber el porqué del sufrimiento y cuál es la salida.[106]

Estamos en el mundo, pero no somos del mundo, y esta situación radicalmente distinta crea sus propias tensiones. Con el tiempo descubriremos que los verdaderos obstáculos no son las calamidades naturales sino los conflictos, los sacrificios y las persecuciones porque somos de Jesucristo. Este camino es estrecho porque es su camino, y los obstáculos a menudo serán totalmente inéditos, o similares a los del camino ancho sólo que con dimensiones formidables. Más adelante volveremos a este punto.

Pero de ahí sale una pregunta lógica. ¿Por qué no nos preparó Dios un camino más suave? Ya que hemos dejado la vieja vida, y somos sus hijos, parece correcto querer sentirnos cuidadosamente rodeados por su protección divina. Pero esta lógica olvida el propósito de Dios al llamarnos. Somos sus hijos, es verdad. Pero Dios desea hijos en todos los términos, no sólo de nombre.

La meta es clara: que seamos como Jesucristo. Pero para llegar a esa meta nos damos cuenta que todavía tenemos un camino largo adelante ¿Que yo sea como Jesucristo? Reconozco que hay mucho que necesita revisión en mi propia vida antes de llegar a esa meta.

A modo de ejemplo, tomemos la paciencia ¿Cómo aprendo a ser paciente? Reconozco que es algo que el Espíritu Santo forja en mí, pero ¿cómo? Obviamente no hay ninguna "píldora de paciencia"; tampoco aprenderé encerrado en una habitación meditando sobre la paciencia. La única manera de aprenderla es pasar por experiencias que pongan a prueba mi paciencia. Como dice el apóstol Pablo:

> *...nos gloriamos de los sufrimientos; porque sabemos*

---

105 Romanos 8.23

106 Ver, para un estudio del mal y el sufrimiento, C.S. Lewis, El problema del sufrimiento, Centro de Publicaciones Cristianas, San José (Costa Rica), 1966

que el sufrimiento nos da firmeza para soportar.[107]

O como dice la versión Reina-Valera, "la tribulación produce paciencia". Es en la escuela de la experiencia cotidiana, enfrentando los problemas con la Palabra y el poder del Espíritu, donde Dios forja en mí la paciencia.

El camino tiene obstáculos, pero son parte del entrenamiento que Dios nos ha preparado. Vencer estorbos y luchar contra las dificultades son pasos necesarios hacia la madurez espiritual.

Porque la fe de ustedes es como el oro: su calidad
debe ser probada por medio del fuego... De manera
que la fe de ustedes, al ser así probada, merecerá apro-
bación, gloria y honra cuando Jesucristo aparezca.[108]

Pensemos en algunos de los obstáculos más frecuentes en la vida del discípulo:

1. Duda. Una buena parte de nuestra vida cotidiana la vivimos por fe. Por ejemplo, cada vez que tomamos una aspirina lo hacemos por fe. Fe en la pureza química del producto, fe en la etiqueta, fe en la integridad del farmacéutico que nos la ha vendido. No hacemos el análisis químico de cada aspirina; estamos persuadidos de que la aspirina es legítima y está en buen estado.

En nuestra fe cristiana ocurre algo parecido. Nunca hemos visto a Jesucristo, ni hemos palpado al Espíritu Santo, ni son absolutas las existencias que confirman la verdad de las Escrituras. Y hasta cabe admitir la posibilidad, por pequeña que sea, de que nos hayamos equivocado...y esa posibilidad abre la puerta a la duda.

No es extraño ni peligroso que haya dudas en el nuevo discípulo de Jesucristo. Al contrario, tengo mis sospechas del que nunca experimenta dudas. Creo que esa persona no piensa ni examina las bases de su fe. La fe que es un "salto hacia lo desconocido" es peligrosa; es una fe ciega y no corresponde a la fe bíblica.

Al comenzar el camino encontrarás muchas situaciones que crean dudas. Muchos tienen que enfrentar burlas de parientes y amigos. El estudiante a menudo se enfrentará con profesores y argumentos que ataquen su fe antes de haber logrado suficiente conocimiento y experiencia como para defenderse. Y es chocante encontrar a "creyentes" que demuestran poco de Cristo, o iglesias que parecen lejos de una

107 Romanos 5.3
108 1 Pedro 1.7

iglesia de Jesucristo.

Y no faltan ciertos ateos y sectas (Testigos de Jehová, Mormones, por ejemplo) que disfruten el "convertir de nuevo" al nuevo convertido. Los misioneros de esas sectas obtienen sus mejores resultados entre los seguidores de Jesucristo que carecen de un conocimiento adecuado de las Escrituras. Pero el apóstol Pablo escribió:

> *Estoy seguro de que Dios, que comenzó a hacer su buena obra en ustedes, la irá llevando a buen fin hasta el día en que Jesucristo regrese.*[109]

Nuestra confianza se basa, en primer lugar, en la fidelidad de Dios. Si yo confío en Jesucristo, puedo estar seguro de que él cumplirá su propósito en mí. El apóstol Juan escribió:

> *Les escribo esto a ustedes que creen en el Hijo de Dios, para que sepan que tienen vida eterna.*[110]

Sin duda hay cosas difíciles de entender en la Biblia, y en el principio, especialmente, encontrarás aparentes contradicciones. Pero tenemos suficientes razones para aceptar su testimonio acerca de Dios y su Camino. Es un tema amplio que no podemos investigar en este libro pequeño, pero las lecturas sugeridas al final del libro te ayudarán a comprender mejor el tema.

Simplemente repito una "regla" que aprendí muy temprano en mi vida cristiana: "Las cosas importantes de la Biblia son claras. Las cosas que no son claras tampoco son tan importantes".

Nuestra confianza surge; por otra parte, de lo que hemos experimentado. Sabemos que "se conoce al árbol por su fruto", y es inevitable que la obra de Dios deje huellas inconfundibles en nuestra vida. Cada discípulo debe poder decir: "Yo sé que el Señor ha hecho esto, y esto, y esto otro en mi vida". Las respuestas a nuestras oraciones, la ayuda y el consejo en las crisis personales, las nuevas actitudes de paz, gozo, amor, etc.,[111] son todas evidencias indiscutibles de la obra del Espíritu Santo. No sólo tenemos las promesas de las Escrituras, sino también la certidumbre de su cumplimiento en nuestras vidas.

Hay otra fuente de confianza, más difícil de definir pero no por ello menos real. Pablo dijo que:

> *...este mismo Espíritu se una a nuestro espíritu para dar testimonio de que ya somos hijos de Dios.*[112]

---

109 Filipenses 1.6

110 1 Juan 5.13

111 Ver Gálatas 5.22 y 23

112 Romanos 8.16

En nuestra marcha en el Camino, a medida que avanzamos, podemos experimentar que el Espíritu se nos comunica una y otra vez de un modo sumamente peculiar. Ya lo hemos mencionado en el capítulo 4. Es difícil definir porque suele darse una distorsión de esta experiencia, por ejemplo: en el misticismo no bíblico y en el subjetivismo enfermizo. Es fácil y peligroso imaginar que nuestras "ideas espirituales" y nuestros sueños siempre vienen del Espíritu. Sin embargo, no hay duda alguna en cuanto a que el Espíritu nos da confianza en Jesucristo[113] y en el Padre.[114]

La Palabra, la experiencia y el Espíritu Santo edifican el fundamento de nuestra fe, y entre los tres disminuyen los peligros de la duda. Cuando dudes o desconfíes, recuerda que los problemas que ahora te parecen formidables tienen una contestación adecuada y qué es mejor buscar el consejo de hermanos y libros que traten el tema adecuadamente.

2. Tentación. La conoces, ¿verdad? Sin duda ha habido innumerables ocasiones en que sentiste atracción y deseo por algo que tu conciencia rechazaba. Y el problema no va a desaparecer porque seas discípulo de Jesucristo. En cierto sentido ahora es más agudo. Antes de conocer al Señor tu norma de vida era muy subjetiva; pero ahora que lo conoces adviertes la tremenda diferencia entre el bien y el mal, entre lo provechoso y lo dañino. La tentación es ahora un problema mayor porque tu conciencia es más sensible, y al mismo tiempo un problema menor porque te asiste el Espíritu Santo. Pero antes de considerar el problema de la tentación en el contexto de la vida cristiana, debemos detenernos un instante frente a la cuestión del pecado.

La herencia católico-romana de nuestros países nos ha legado un concepto muy superficial del pecado. Comúnmente el pecado es el robo, el homicidio, la blasfemia, el adulterio (por lo menos en público), etc. De allí el inmenso porcentaje de la gente que afirma que no pecar consiste en conformarse externamente con una lista, bastante pobre y arbitraria, de reglas morales. Y entre los evangélicos se da la misma tendencia; la lista varía (no fumar, no bailar, no ir al cine), pero la mentalidad no.

Jesús dijo que el problema es mucho más profundo. Dijo que el problema arranca de una distorsión, de una enfermedad interior del hombre, que lo llamamos comúnmente pecados y que son meras manifestaciones de esa llaga interior. Básicamente el hombre es esclavo de sí mismo, y todo lo aprecia y lo hace a la luz de sus propios deseos. Puedes ver, por ejemplo, en la lista de "pecados" de Romanos 1.29-31,

---

113 Juan 15.26
114 Romanos 8.16

los "pecados comunes" (como la fornicación y el homicidio), pero no sólo eso, sino también una serie de realidades que ponen en manifiesto una personalidad orgullosa, egoísta, que busca su propio bien a costa de los demás. Dios propone liberarnos de esta esclavitud, y el Espíritu Santo ya ha comenzado la tarea.

> *Así que, si el Hijo los hace libres, ustedes serán ver-*
> *daderamente libres.*[115]

A luz de esta realidad estamos en condiciones de comprender desde la perspectiva cristiana qué es la tentación.

> *Cuando uno se sienta tentado a hacer lo malo, no*
> *piense que es tentado por Dios, porque Dios ni sien-*
> *te tentación de hacer lo malo, ni tienta a nadie a que*
> *lo haga. Al contrario, uno es tentado por sus propios*
> *deseos malos, que lo atraen y seducen. De estos deseos*
> *malos nace el pecado...*[116]

Puedes ver que el problema de la tentación no radica en un mundo lleno de atracciones que nos desvían de la voluntad de Dios, sino en nuestra actitud para con ellas. El joven que mira y disfruta de una hermosa muchacha, no ha pecado. Pero sí peca si quiere poseerla para satisfacer un apetito.

La tentación nace de nuestra esclavitud a los propios deseos, de ese impulso por competir, por conquistar, por ganar siempre y a todos. En cuanto hay algo que nos atrae, los deseos nos seducen y entonces lo bueno se hace malo. Echemos mano a un sencillo ejemplo: las pequeñas tentaciones de un atleta – un postre extra o algunas horas más de descanso— normalmente no son males en sí, pero en el atleta pueden estorbar su régimen de entrenamiento.

Del mismo modo, el discípulo de Jesucristo que toma en serio el llamado de Dios debe escoger entre las muchas delicias y oportunidades que la vida le ofrece. Uno de los datos de la madurez cristiana es la habilidad para distinguir entre lo bueno y lo malo, habilidad que viene del conocimiento de la Palabra, por la experiencia y por la asistencia del Espíritu Santo. El autor de la carta a los Hebreos habla respetuosamente de:

> *...los adultos... ya saben juzgar, porque están*
> *acostumbrados a distinguir entre lo bueno y lo malo.*[117]

Pero no estamos solos en la lucha contra la tentación. El Señor sabe muy bien qué problemas enfrentamos. Él no es indiferente: pasó

---

115 Juan 8.36
116 Santiago 1.13-15
117 Hebreos 5.14

por el mismo mundo y enfrentó las mismas tentaciones.

...como él mismo sufrió y fue puesto a prueba, ahora puede ayudar a los que también son puestos a prueba.[118]

Él espera que lo llamemos cuando nos acosa un deseo irresistible e inconveniente. Espera ese grito: "Padre, ayúdame, porque no sé qué hacer". Sabemos, como el apóstol Pedro, que:

El señor sabe librar de la prueba a los que viven entregados a él...[119]

Pero es necesario que reconozcamos nuestra propia debilidad. No podemos darnos el lujo de presumir... y caer:

Así pues, el que cree estar firme, tenga cuidado de no caer.[120]

Si confiamos en él, nos ayudará en el momento oportuno.

...pueden ustedes confiar en Dios, que no los dejará sufrir pruebas más duras de las que puedan soportar. Por el contrario, cuando llegue la prueba, Dios les dará la manera de salir de ella, para que puedan soportar-la.[121]

El mejor entrenamiento para luchar con la tentación consiste en empaparnos de las Escrituras.

¿Cómo podrá el joven llevar una vida limpia?

¡Viviendo de acuerdo con tu palabra! He guardado tus palabras en mi corazón para no pecar contra ti.[122]

Y por ello muchos creyentes han subrayado la importancia de la memorización de la Palabra. Saben que un pensamiento retenido en la memoria puede ser utilizado por el Espíritu Santo en los momentos de necesidad. La palabra no sólo puede advertirnos del peligro, sino también darnos fuerzas para enfrentarlo. Es muy eficaz ante una situación comprometedora, llevar nuestros pensamientos hasta la Palabra para que el Señor nos hable y socorra.

Tomar en serio la vida cristiana significa también tomar muy en serio la tentación.[123] Si una revista nos tienta, debemos desecharla; si un lugar es peligroso, hay que evitarlo; si un amigo nos pone siempre

---

118 Hebreos 2.18
119 2 Pedro 2.9
120 1 Corintios 10.12
121 1 Corintios 10.13
122 Salmo 119.9 y 11
123 Marcos 9.43-47

en apuros, entonces es mejor dejarlo. Tal vez podamos comprender mejor ahora por qué algunas denominaciones cristianas insisten tanto en que el joven debe evitar ciertas y determinadas circunstancias y lugares.

El cine, no es malo en sí, pero hay películas que acarrean tentaciones muy fuertes. El baile en sí tampoco es malo, pero a menudo condiciona el erotismo más agudo. El atleta sabe que no puede triunfar sin autodisciplina. Deja de lado muchos placeres transitorios para ganar algo que le satisface mucho más.

Los que se preparan para competir en el deporte, evitan todo lo que pueda hacerles daño. Y esto lo hacen para alcanzar una corona que enseguida se marchita, en cambio nosotros luchamos por recibir un premio que no se marchita.[124]

La victoria, frente a la tentación, como en cualquier otro aspecto de la vida cristiana, es fruto de la obra de Dios y de nuestra propia consagración. "Debemos trabajar" —dijo alguien— "como si toda la responsabilidad fuera nuestra, y confiar como si toda la responsabilidad fuera de Dios".

3. Desaliento. El desaliento es un virus espiritual que ataca sin misericordia, especialmente en las primeras etapas de la vida cristiana cuando se enfrenta con tantas nuevas situaciones. Los campamentos son un buen ejemplo. Uno asiste a un excelente campamento cristiano y cuando termina, casi puede tocar el cielo con los dedos. Pero viene el lunes, y todo parece humo. Es imposible dividir el hombre, es decir su aspecto "espiritual" de su aspecto "humano". El desaliento es un estado emocional que en ciertos casos expresa problemas de salud, falta de sueño, alimentación inadecuada, etc. Si dormimos mal, nos levantamos con dolor de cabeza y nos parece que el cielo es de bronce y que Dios no tiene ningún interés por nosotros. ¡Y aún más si discutimos con nuestra pareja! No es sorprendente si luego nos quedamos sin ganas de orar y leer la Biblia.

El desaliento depende bastante de la personalidad de cada uno. Hay personas muy introvertidas que siempre están examinándose y echándose la culpa y que se desaniman fácilmente. Otras, por lo menos en apariencia, no sufren demasiado las condiciones adversas y preservan su buen ánimo. Menciono estos factores externos porque las emociones, como el desaliento, son muy engañosas.

No hay necesariamente una relación directa entre nuestras emociones y nuestra condición espiritual. Ciertos grupos, por ejemplo,

---

124 1 Corintios 9.25

crean un ambiente falso de emoción "espiritual" que niega la realidad de la vida de los participantes. Y en el otro extremo, algunos de los grandes hombres de Dios fueron personas introvertidas que pasaron una buena parte de su vida deprimidas y tristes sin razón aparente.

Encontrarás a menudo dos situaciones deprimentes: Una interior, que se identifica por pensamientos como éstos: "Soy un mal cristiano", "Siempre pienso lo que no debo", "Tengo poca fe...", "No sé hablar, y no hago nada útil para el Señor", "He hablado de Cristo a mis padres, pero no son creyentes", "Tengo tan poco gozo y amor", "Tal vez ni soy creyente...".

Otra de origen externo, que se identifica con pensamientos como éstos: "La iglesia es tan fría...", "Parece que todos son hipócritas", "Van a las reuniones y cantan y escuchan, pero no hacen nada", "¿Por qué no hacen las cosas mejor?", "Creo que no vale la pena", "Creo que voy a convertirme en discípulo secreto y olvidarme de la iglesia..."

Aunque una y otras parezcan distintas, el problema es el mismo: concentramos toda nuestra atención en nosotros mismos o en nuestros hermanos, y no en el Señor Jesucristo. Todos necesitamos meditar bien en la exhortación bíblica:

Fijemos nuestra mirada en Jesús, pues de él procede nuestra fe y él es quien la perfecciona... Por lo tanto, mediten en el ejemplo de Jesús, que sufrió tanta contradicción por parte de los pecadores; por eso, no se cansen ni se desanimen.[125]

No hay duda de que pasamos por situaciones difíciles, pero bajo ningún punto debemos preocuparnos tanto por nosotros mismos. El caso de Abraham es aleccionador. Conoció al Dios viviente y hasta recibió de él promesas, en especial la de un hijo y, sin embargo, pasó por situaciones que parecían negarlas:

La fe de Abraham no se debilitó, aunque ya tenía casi cien años de edad y se daba cuenta de que tanto él como Sara ya estaban casi muertos, y que eran demasiado viejos para tener hijos. No dudó ni desconfió de la promesa de Dios, sino que tuvo una fe más fuerte. Alabó a Dios, plenamente convencido de que Dios tiene poder para cumplir lo que promete.[126]

A pesar de las circunstancias adversas Abraham siguió adelante, gracias a su confianza en el Dios vivo a quien había conocido. Pablo experimentó algo parecido. Sufrió mucho a manos de sus adversa-

---

125 Hebreos 12.2 y 3
126 Romanos 4.19-21

rios,[127] pero había aprendido a no dejar que esas adversidades sometieran su ánimo. ¿Cuál era su secreto?

A todo puedo hacerle frente, gracias a Cristo que me fortalece.[128]

Estructuró su vida en Jesucristo. Lo demás fue secundario, incluso los motivos y las razones que normalmente lo hubieran desanimado. Al igual que Moisés,

...se mantuvo firme en su propósito, como si viera al Dios invisible.[129]

Comúnmente, en cuanto nos desalentamos tendemos a la soledad, cuando lo que más necesitamos es el apoyo de nuestra familia en Jesucristo. Si te sientes deprimido, busca a uno de tus hermanos de mayor confianza y cuéntale qué te preocupa, y ora con él. Dile francamente que estás desanimado y que necesitas su compañía. Nos hace bien el consuelo que llega del hermano en el Señor. Pablo dijo que Dios nos consuela:

...para que nosotros podamos consolar también a los que sufren, dándoles el mismo consuelo que él nos ha dado a nosotros.[130]

4. Persecución. Han sido relativamente pocos los momentos de la historia de la Iglesia en la que esta no haya sufrido persecución. Apenas unos días después de la resurrección del Señor, ya una multitud exaltada ejecutó a uno de sus discípulos.[131] A partir de entonces, y por muchas décadas, la Iglesia debió sufrir agónicamente ola tras ola de violencia y muerte. Pedro escribió su primera carta a una congregación que veía muy cercana la hora de la prueba:

Queridos hermanos, no se extrañen de verse sometidos al fuego de la prueba, como si fuera algo extraordinario.[132]

Sí, deben estar esperándolas, ya que el Señor en persona se lo había anticipado. Ellos eran sus discípulos, llevaban su nombre, y el mundo los estaba identificando con él.

...yo los escogí a ustedes entre los que son del mundo, y por eso el mundo los odia... Si a mí me han perseguido, a ustedes también los perseguirán.[133]

El mundo no ve con agrado a los que no se adaptan a sus mol-

127 2 Corintios 11.23-28
128 Filipenses 4.13. Ver los versículos 11-13
129 Hebreos 11.27
130 2 Corintios 1.4
131 Hechos 7.54-60
132 1 Pedro 4.12
133 Juan 15. 19 y 20

des y, frecuentemente, los límites de la tolerancia religiosa son muy estrechos. En los años ´80 y ´90 hermanos de Colombia y Perú han derramado sangre en nuestras tierras.

Pero al comenzar el nuevo siglo la persecución parece más amplia que nunca. Varios países de África, especialmente los pueblos donde los musulmanes son la mayoría, son lugares sumamente peligrosos para el Pueblo de Dios. Hay países donde testificar de Cristo trae condena a muerte...o peor, ¡ser de Cristo ya es delito!

Es cierto que la persecución en los países de habla española es rara, pero como todos hemos visto, el mundo cambia rápidamente. En síntesis, no faltarán ni la persecución física, ni el rechazo, y debes ir preparándote para soportar ese trance:

> *Es cierto que todos los que quieren vivir una vida pia-dosa en unión con Cristo Jesús sufrirán persecución.*[134]

La historia de la Iglesia documenta sufrimientos verdaderamente trágicos, que sin embargo han dado lugar a una especie de decantamiento, una filtración oportuna de todo cuanto sonaba a hipocresía, falsedad e indolencia. Cuando la Iglesia es acosada, todos los que buscan alguna cosa que no sea una lealtad absoluta a Jesucristo, se alejan rápidamente. Queda una Iglesia más sólida en todos los sentidos. Y esa misma dificultad ha determinado, en casi todos los casos, una notable expansión de la Iglesia. Los historiadores relatan de qué manera la valentía de muchos mártires ganó el respeto de los paganos. En palabras de Tertuliano, "la sangre de los mártires es la semilla de la Iglesia".

Y de las mismas, es notable cómo la iglesia en China ha crecido bajo la mano severa de su gobierno comunista.

No sabemos todavía qué nos depararán los nuevos tiempos, aunque a la luz de los actuales acontecimientos vale la pena recordar las palabras de Jesús:

> *Dichosos ustedes, cuando la gente los insulte y los maltrate, y cuando por causa mía los ataquen con toda clase de mentiras. Alégrense; estén contentos, porque van a recibir un gran premio en el cielo; pues así también persiguieron a los profetas que vivieron antes que ustedes.*[135]

---

134 2 Timoteo 3.12
135 Mateo 5.11-12 b

Pregunta para la discusión

1. ¿Por qué no nos preparó Dios un camino más suave?
2. ¿Cómo defines la palabra "fe"?
3. ¿Cuáles son los tres motivos por los que podemos tener confianza en la duda?
4. ¿Qué es el pecado? ¿Qué relación hay entre tentación y pecado?
5. ¿Qué solución ofrecemos al problema de la tentación?
6. ¿Cuáles son, según tu propia experiencia, las principales causas de la depresión espiritual?
7. ¿Será la solución para estas tres situaciones -duda, tentación, desaliento- básicamente la misma?
8. ¿Hay maneras de prepararnos para una eventual persecución?

7
Luz del Mundo

"Del mismo modo, procuren ustedes que su luz brille delante de la gente, para que, viendo el bien que ustedes hacen, todos alaben a su Padre que está en el cielo"

(Mateo 5.16).

Dios ha dicho que está creando un pueblo nuevo, un pueblo distinto. El Reino de Dios se ha acercado,[136] y muchos de sus ciudadanos, identificados por la presencia de su fundador, conviven con nosotros. El Reino no es solamente la realidad de un futuro lejano, sino que ha establecido una avanzada entre nosotros, y ha de ser una demostración de lo que el poder de Dios puede hacer aquí y ahora, en cualquier hombre o mujer.

Los ciudadanos del Reino testifican ante el mundo. El apóstol Pablo dijo que el discípulo es como una carta abierta escrita por el Espíritu Santo.[137] Es una carta que habla de Jesucristo y que todos pueden leer. Cuando los ciudadanos de este mundo se confrontan con los ciudadanos del Reino, deben ver en sus vidas algo diferente, como reflejo de la gloria de Jesucristo.

Una de las figuras bíblicas que describe esa cualidad distintiva de los hijos del Reino, es la de la luz. Jesús es la luz del mundo,[138] pero su luz ha enfocado sobre la vida de sus seguidores. Es una luz que ha de orientar la atención del mundo hacia Aquél que es la fuente de toda luz.[139]

---

136 Lucas 17.21

137 2 Corintios 3.2-3

138 Juan 8.12

139 1 Juan 1.5

Ustedes antes vivían en la oscuridad, pero ahora, por estar unidos al Señor, viven en la luz. Pórtense como quienes pertenecen a la luz, pues la luz produce toda una cosecha de bondad, rectitud y verdad.[140]

La diferencia significativa entre los hijos del mundo y los hijos del Reino no consiste de cosas externas -como la ropa, el idioma y ni siquiera una aparente religiosidad- sino de un comportamiento diferente. Deberán reconocernos por el trato con los demás, por nuestra actitud hacia el trabajo, por el uso de los bienes. Serán rasgos compartidos con los demás miembros de la misma comunidad. Veamos algunas características de esta nueva manera de vivir.

En lo personal

1. Honestidad. Vivimos en una sociedad acostumbrada al engaño, especialmente en el comercio y la política, donde siempre corre el fraude. En el trato personal se acepta la "mentira piadosa" como normal; se echa la culpa al otro para protegerse; se tergiversa la verdad para salir de aprietos o para ganar unas monedas más. En ese contexto, el discípulo de Jesucristo debe ser una excepción a la regla.

No se mientan los unos a los otros, puesto que ya se han despojado de lo que antes eran y de las cosas que antes hacían.[141]

Su "sí" debe ser sí, y su "no", no. Tampoco deben exagerar para llamar la atención. Todo el mundo sabe que lo que dices es verdad, y que puede confiarte cualquier secreto sin temor a infidencias. Tu honestidad debe brillar como la luz en medio de tanta penumbra.

2. Sentido de la vocación para el trabajo. En muchos países hay una actitud negativa hacia el trabajo, y especialmente el trabajo físico. Bajo mil pretextos, se aflojan la disciplina y el esfuerzo. Es la actitud, por ejemplo, del que quiere dominar un instrumento de música pero no le dedica prácticamente nada de tiempo. Esta tendencia negativa germina en la escuela, madura en el trabajo y, por último, afecta a la nación en su totalidad. Para el discípulo de Jesucristo, los criterios son absolutamente otros:

Y todo lo que hagan o digan, háganlo en nombre del Señor Jesús, dando gracias a Dios Padre por medio de él... Todo lo que hagan, háganlo de buena gana, como si estuvieran sirviendo al Señor, y no a los hombres.[142]

---

140 Efesios 5.8-9
141 Colosenses 3.9
142 Colosenses 3.17, 23

El estudiante cristiano estudiará no sólo para recibir un título sino para aplicar los mejores recursos como profesional. El obrero trabajará lo mejor que pueda para servir al Señor. El ejecutivo advertirá en su responsabilidad una gran oportunidad para servir a sus empleados. Si todo lo que hacemos, aun la tarea más insignificante, es para honrar al Señor, el trabajo deja de ser una carga y se torna en otra manera de servir.

3. Aceptación del prójimo como persona. Durante el día convivimos con una inmensa cantidad de personas que nos tratan de muy distintas maneras. A veces, es patente que apenas nos soportan y hasta pretenden utilizarnos para sus propios fines. A menudo nos rechazan y hasta se burlan. Pero de tanto en tanto encontramos personas diferentes que nos reciben amablemente y parecen verdaderamente interesadas en nosotros y en nuestra situación. Son personas dispuestas a dar una mano en lo que puedan. Pues como esas personas debe ser el discípulo de Jesucristo.

4. Responsabilidad moral. A casi todos nos fastidia que nos identifiquen por las cosas malas que no hacemos: no nos emborrachamos, no tenemos más de una mujer, no apostamos, etc. Sin embargo, se trata de una identificación positiva, puesto que esas mismas personas admitirían de la conveniencia de renunciar a tales vicios. En cualquier lugar del mundo, el impacto del Evangelio produce cambios morales realmente increíbles, especialmente entre las clases sociales menos privilegiadas donde un alto porcentaje de los nuevos miembros de las iglesias, habían sido borrachos, drogadictos o adúlteros. Hace muchos siglos, el apóstol Pablo tuvo la oportunidad de apreciar un fenómeno similar en la iglesia de Corinto.

No se dejen engañar, pues en el reino de Dios no tendrán parte los que se entregan a la prostitución... ni los que cometen adulterio... ni los avaros... ni los borrachos... ni los ladrones... Y esto eran antes algunos de ustedes.[143]

5. Carácter. Nuestra sociedad de consumo nos bombardea incesantemente con propaganda por todos los medios de comunicación. La propaganda crea una sociedad ilusoria e insiste en que sólo podemos ser felices si seguimos sus instrucciones: beber tal bebida, utilizar tal jabón, vestirnos de tal manera, usar tal auto... La sociedad quiere moldearnos según sus planes, pero las Escrituras nos exhortan a no perder la iniciativa ni la libertad de Dios:

No vivan ya según los criterios del tiempo presente; al contrario, cambien su manera de pensar para que así

---

143 1 Corintios 6.9, 11

cambie su manera de vivir...[144]

Estos ejemplos subrayan una vez más que el pueblo de Dios es un pueblo diferente, un pueblo nuevo que demuestra en el quehacer cotidiano el rostro de su Creador. El pueblo de Dios ofrece al mundo una alternativa. Lo penetra como luz y sal y lo confronta con la realidad del Reino que ha de venir. Es poder que ha transformado la vida de hogares y pueblos enteros.

En un sentido, ser discípulo de Jesucristo quiere decir vivir en contraste, incluso en protesta, con el mundo. Las Escrituras establecen con precisión las líneas de batalla: nos muestran sin lugar a dudas cómo debemos vivir y cómo vive el enemigo. Somos peregrinos en un mundo hostil, pero estamos decididos a transformar ese mundo en la medida de las posibilidades y según el ejemplo de Jesucristo, quien

...se entregó a la muerte por nosotros, para

rescatarnos de toda maldad y limpiarnos completamente, haciendo de nosotros el pueblo de su propiedad, empeñados en hacer el bien.[145]

En la comunidad cristiana

Al igual que su maestro, el discípulo de Jesucristo no vive "para que le sirvan, sino para servir".[146] Y "vivir como vivió Jesucristo"[147] quiere decir acercarse al prójimo. La iglesia naciente expresa esa actitud desde sus comienzos, tal como lo registra el libro de los Hechos. En 2.45 y en 4.34, por ejemplo, se relata que los primeros discípulos vendían sus propiedades para ayudar a los necesitados. En 6.1 se habla de la distribución de alimento a las viudas. En 9.36-39 se relata el ejemplo de Dorcas, quien confeccionaba vestidos para las viudas. En 11.29 se menciona que la iglesia de Antioquía envió dinero a los hermanos de Jerusalén cuando estaban con hambre. En medio de una sociedad indiferentes a las dificultades de los necesitados, los cristianos atendían a los enfermos, cuidaban a las viudas y daban techo a los huérfanos. No formaban comunidades perfectas, es verdad, pero se hacían notar y admirar por el sentido de la solidaridad con los desposeídos.

La Iglesia de Jesucristo debe ser la más rica expresión del Reino de Dios en medio de un mundo que diviniza al hombre. Todos serán hermanos, en el más amplio sentido de la palabra. No debe haber distinciones de raza ni de clase, y la necesidad de cada uno será la ne-

---

144 Romanos 12.2

145 Tito 2.14

146 Marcos 10.45

147 1 Juan 2.6

cesidad de todos, sea en cuanto a vivienda, trabajo, abrigo o alimento. Hoy en día hay congregaciones que aún practican ese compromiso recíproco, aunque la mayoría ha dejado de hacerlo. Una congregación que es institución en lugar de comunión, no sólo ha defraudado a sus miembros sino que ha dejado de ser un testimonio eficaz.

El servicio puede asumir diversas formas. Por ejemplo:

► Un grupo de mujeres lleva alimentos a una familia cuando la esposa se halla enferma.

► Una mujer que cuida a los niños de un matrimonio para que éste pueda salir.

► Un grupo de hombres colabora en una mudanza de una familia.

► Un grupo de jóvenes arregla una habitación para otro joven lisiado.

► Hombres y mujeres visitan regularmente un hogar de ancianos para leer y orar con ellos.

La iglesia que realmente ha aprendido a vivir la comunión de Jesucristo encontrará muchas maneras para demostrar su unidad y amor. El Señor nos ha dado el ejemplo de su vida consagrada al servicio y nos llama a servir.

Yo les he dado un ejemplo, para que ustedes hagan lo mismo que yo he hecho.[148]

En el vecindario

La responsabilidad del servicio comienza por "nuestros hermanos", como Pablo dijo:

Por eso, siempre que podamos, hagamos bien a todos, y especialmente a nuestros hermanos en la fe.[149]

Lo cual no descarta nuestra responsabilidad para con los demás. El Nuevo Testamento, ofrece muchísimos ejemplos de servicio en la comunidad cristiana, pero la historia de la Iglesia abunda en relatos de cómo los primeros discípulos mostraron idéntico sentir hacia sus vecinos y compatriotas. Cuidaban de los suyos, pero jamás se aislaban de los demás.

La Iglesia ha ido modificando su comprensión en cuanto a la preocupación por la sociedad no-cristiana, según la época y la ubicación geográfica. En el siglo I la gente se admiró del servicio sacrificial de las iglesias cristianas, pero hubo épocas en que la Iglesia (al menos la "oficial") se mostró completamente indiferente a las necesidades más elementales, aun las de sus propios fieles.

148 Juan 13.15
149 Gálatas 6.10

Actualmente, habiendo comenzado el nuevo siglo, nuestras iglesias evangélicas no muestran una conducta pareja. Hay las que se preocupan por las necesidades de los demás, pero hay otras que en las prácticas son indiferentes.

El tema llega a ser agudo debido al "nuevo orden mundial", donde la tendencia es la concentración del poder y riqueza en las manos de cada vez menos personas. El resultado, como muchos hemos visto en lugares donde vivimos, es una franja cada vez más amplia de personas marginadas.

Es muy probable que ésta sea una realidad con la cual tenemos que vivir durante mucho tiempo. Mientras los gobiernos limitan su ayuda social, caerá sobre grupos como nosotros el desafío de aliviar a los necesitados.

No hay duda de que hay personas que se aprovechan de nuestros intentos de ayudar, pero lo mismo le ocurrió al Señor Jesús. Muchos lo siguieron porque les dio pan,[150] y luego se fueron. Pero él no dejó de atender sus necesidades. Conocía muy bien a los hombres y sabía quiénes lo seguían sinceramente y quienes no[151] pero nunca les negó el pan ni los envió con las manos vacías.

El Ejército de Salvación, una organización evangélica nacida en los barrios humildes de Londres, es quizá el ejemplo más evidente de lo que puede una comunidad cristiana de servicio. Provee hospedaje y alimentos a miles de ancianos, borrachos y abandonados en las grandes y pequeñas ciudades del mundo. Muchísima gente encontró a Jesucristo por medio de ellos, y sus vidas cambiaron radicalmente.

La posibilidad de ofrecer un servicio directo al vecindario está al alcance de muchos jóvenes que se están capacitando laboral o profesionalmente. El médico que desea ejercitarse en un lugar sin atención médica adecuada, el visitador social, el maestro, la enfermera; todos pueden expresar su fe en Jesucristo por medio del servicio. Entre las elecciones de la vida, la de la carrera es una de las más decisivas y cada cristiano debe hacerla tras un cuidadoso examen de los propósitos de Dios en las Escrituras. El objetivo de cualquier oficio, empleo o profesión no debe ser sólo el sustento diario, sino también el estar en condiciones de servir y testificar como cristiano.

Ahora bien, los problemas del vecindario son innumerables y no

---

150 Juan 6.26
151 Juan 2.23-25

siempre requieren necesariamente de profesionales o especialistas. La mayoría de los hospitales, escuelas, hogares de ancianos y orfanatorios piden voluntarios, y ¡cuántos discípulos de Jesucristo podrían atender esos reclamos! En muchos lugares hay congregaciones cristianas con su propio servicio de asistencia social para suplir las emergencias apremiantes. El Evangelio nos enseña a ver cada necesidad, no solo como una responsabilidad, sino también como una oportunidad, para que siempre estemos

empeñados en hacer el bien.[152]

En la sociedad en general

Tradicionalmente los cristianos hemos distinguido entre servicio cristiano y acción cristiana. El primero se refiere a la asistencia que busca aliviar algunas necesidades del vecindario, y la segunda a la búsqueda de maneras de eliminar las causas de tales necesidades.

Desde un principio la Iglesia de Jesucristo ha tomado muy en serio el mensaje del Señor sobre "el juicio de las naciones"[153] y ha insistido en el servicio: dar comida a los hambrientos, bebida a los sedientos, abrigo al forastero. En todo el mundo son innumerables las ciudades, pueblos y aldeas que recibieron su primer hospital o escuela a manos de los discípulos de Jesucristo. Aún hoy, en muchos países de América Latina las únicas escuelas o clínicas en kilómetros y kilómetros son cristianas. ¡Y cuántos países, ahora con adecuados sistemas educativos, deben iniciativa y el primer esfuerzo a misioneros de las más diversas procedencias!

No ha ocurrido lo mismo con el énfasis de la acción cristiana, entendida como la participación directa de los discípulos de Jesucristo en los procesos políticos y sociales. Dicha participación quiere llegar a las raíces mismas de los conflictos para hallar soluciones concretas y permanentes. Se expresa comúnmente como compromiso con los comités vecinales, o con los sindicatos, y en algunos casos, con los partidos políticos.

Los sectores cristianos más conservadores que se oponen a la participación política argumentan que toda política es injusta e inmoral, y que el cristiano comprometido pone en peligro su fe y testimonio. Pero el argumento trasluce una comprensión errónea de la relación entre el cristiano y el mundo. El Señor anduvo sin reservas entre todo tipo de gente, y gente de baja calaña. Incluso llegaron a decirle "glo-

152 Tito 2.14
153 Mateo 25.34-44

tón y borracho".[154] Es por eso que nuestra actitud hacia el mundo no consiste en apartarnos de los que son del mundo:

> *...avaros, ladrones o idólatras; pues para lograrlo,*
> *tendrían ustedes que salirse del mundo.*[155]

Debemos ser como la sal que da sabor a la comunidad inmediata.[156] Pero sal echada en la comida, no en el salero. La iglesia ha de penetrar en la sociedad que la rodea, y no encerrarse en el templo. El propósito de Dios es que penetremos cada ámbito de la sociedad con el ejemplo y el mensaje de Jesucristo. Son relativamente pocos los evangélicos que han podido insertarse en la vida política, pero esos pocos han tenido la oportunidad única para servir a su pueblo.

La Iglesia de Jesucristo no sólo tendrá que trabajar para dar ejemplo y acudir en ayuda de necesidades apremiantes, sino que también deberá hablar proféticamente. Así como los antiguos profetas hablaron contra el pueblo de Israel por sus inmoralidades, injusticias e hipocresía religiosa, de la misma manera deben los cristianos asumir posiciones firmes contra todo tipo de inmoralidad y en favor de los oprimidos. Los activistas políticos jamás desaprovechan ningún medio para transmitir la propaganda; la cuestión es hacerse oír. Las mismas posibilidades y medios tienen los cristianos ¡y hay que aprovecharlas!

En medio de tantas tensiones y opciones, el pueblo de Dios ofrece una nueva alternativa: ya no se trata de la izquierda ni de la derecha, sino de un nuevo concepto, radical, del hombre mismo. El mundo podrá ver a la Iglesia, entonces, como la expresión del Reino de Dios.

Preguntas para la discusión

1. *¿Cuáles crees que son las características personales del discípulo de Jesucristo que deben verse en el mundo no-cristiano?*
2. *¿Cómo debemos comportarnos en cuanto a ser parte de una congregación?*
3. *¿Puedes dar ejemplos prácticos de cómo una congregación que conoces manifiesta ser familia en Jesucristo?*
4. *Si no hay evidencias de amor en tu congregación ¿qué puede hacerse para remediar la situación?*
5. *¿Cuál crees que es la principal causa de la indiferencia social de las iglesias? ¿Hay soluciones? ¿Cuáles?*

---

154 Lucas7.34, RV

155 1 Corintios 5.10

156 Mateo 5.13

6. ¿Puedes dar ejemplos de discípulos de Jesucristo que han tenido éxito, o por lo menos experiencia, en la acción cristiana?

7. ¿Es cierto que muchos afirman, que el cristiano que milita políticamente pierde su fe?

Conclusión

Este libro es para comenzar. Procura ayudar al caminante que se inicia en la vida cristiana a dar los primeros pasos y orientarlo en la dirección adecuada. Pero no quiero terminar sin antes proponerte tres cosas:

Consigue algunos de los libros sugeridos y estudia a fondo los temas que he introducido en estas páginas. Una vez que los conozcas, podrás compartirlos con otro viajero en sus primeros pasos.

Estudia este libro junto con otros discípulos de Jesucristo y usa siempre la Biblia. Los miembros de un grupo de estudio pueden estudiar cada capítulo en su casa y luego reunirse para discutir las preguntas. Piensa cómo afectan tu vida estos siete capítulos y cómo puedes emplearlos para enseñar a un nuevo discípulo.

Pide al Señor que facilite un encuentro al menos con una persona a quien testificar, con el firme propósito de enseñarle a ser un discípulo de Jesucristo.

Nos vemos al final del Camino.

¿Este material le fue de ayuda?
Deje su opinión en AMAZON para que otros puedan utilizarlo

Apéndice Uno

Los judíos expresaban públicamente, en el bautismo, su decisión de vivir una vida totalmente diferente a la anterior. Vemos, por ejemplo, que el bautismo de Juan el Bautista era un bautismo de arrepentimiento (Marcos 1.4, versión Reina-Valera).

De la misma manera, el discípulo de Jesucristo declaraba al mundo en el bautismo, que dejaba de ser lo que hasta entonces había sido, con el propósito de obedecer y seguir a Jesucristo. Los primeros cristianos dieron por sentado que el nuevo creyente debía bautizarse. Veamos, por ejemplo, cómo acaba Pedro su mensaje de pentecostés:

Vuélvanse a Dios y bautícese cada uno en el nombre de Jesucristo... Así pues, los que hicieron caso a su mensaje fueron bautizados... (Hechos 2.38, 41)

En las congregaciones contemporáneas hay una formidable variedad de tradiciones bautismales. Unas bautizan al nuevo creyente enseguida, otros esperan hasta que se cumpla un curso de preparación. Algunas congregaciones exigen el bautismo como requisito indispensable para la membresía activa y otras no. Aconsejamos que adoptes la costumbre de la congregación a que deseas incorporarte.

Apéndice Dos

Quisiera dar énfasis a una de las metodologías más importantes para la tarea de forjar discípulos y es: la dinámica del pequeño grupo.

Aunque uno puede aprender escuchando un discurso o sermón, todos los libros sobre aprendizaje insisten que nos quedará muy poco de lo escuchado después de unos días o semanas. Pero cuando nosotros mismos examinamos, analizamos y comunicamos lo que encontramos, ahí estamos experimentando el verdadero aprendizaje. El ambiente del grupo pequeño de dos a seis personas es ideal para la evangelización y el crecimiento en las cosas de Dios.

Hay varios estudios buenos sobre la conducción de un grupo pequeño, y puedo recomendar "Células y otros grupos pequeños" de Ediciones Crecimiento Cristiano. oficina@edicionescc.com

Otros títulos disponibles

L7 - ESTO CREEMOS
Profesamos, practicamos, proclamamos
Compendio de Doctrina Cristiana
Autor: Daniel J. Lewis (76 págs.)
Los capítulos de este libro son una traducción de una serie de folletos que sirven como introducción para los que visitan Troy Christian Chapel (Troy, Michigan, Estados Unidos) acerca de lo que allí se cree y se predica.

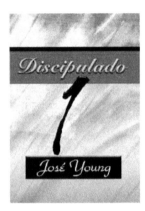

VB9 - DISCIPULADO I
José Young
Este cuaderno es un compendio de los primeros cuatro cuadernos de la serie:
- Una Nueva Relación.
- Una Nueva Vida.
- Ser Discípulo.
- Bautismo y Cena del Señor
Estos, nos ayudan a capacitarnos y equiparnos para vivir una vida sana y útil a Dios. Este es el primero de dos tomos.

Ediciones Crecimiento Cristiano
"Más que enseñar te ayudarmos a aprender"
**Cordoba 419 - Villa Nueva - Cba. - Argentina
Telefono: +54 353 491-2450
Celular/WhatsApp: +54 353 481-0724
E-mail: oficina@edicionescc.com
Web: www.edicionescc.com
Facebook: Ediciones Crecimiento Cristiano**

Lecturas recomendadas

Así leo la Biblia, Jorge Atiencia, Samuel Escobar y John Stott, Certeza Unida, 1999.

Cómo comprender la Biblia, John Stott, Certeza Unida, 2a edición, 2004.

Cómo Jesús discipuló a los doce, P. T. Chandapilla, Certeza Argentina, 2a edición, 2003 (Disponible gratuitamente en PDF en http://www.certezaargentina.com.ar, Sección "Descargas gratis").

Cómo pastorear y ser pastoreados, Jorge Atiencia, Certeza Argentina, 1996.

Conoce a Jesús, Silvia Chaves, Certeza Argentina, 2a edición, 2005.

Creer es también pensar, John Stott, Certeza Argentina, 4a edición, 2005.

Cristianismo Básico, John Stott, Certeza Unida, 4a edición, 2007.

El Sermón del Monte, José Young, ECC, 2004

El mundo bíblico, José Young, Ediciones Crecimiento Cristiano, 1981

Estudio devocional de la Biblia Certeza, Certeza Argentina, 2013

Fuera del salero para servir al mundo: Evangelismo como estilo de vida, Rebecca Pippert, Certeza Unida, 2a edición, 2004.

La Lucha, John White, Certeza Argentina, 2a edición, 2007.

Líderes y siervos, John White, Certeza Argentina, 2003.

Los desafíos del liderazgo cristiano, John Stott, Certeza Argentina, 1992.

Manual para iglesias que crecen: Visión celular como modelo de crecimiento, Fernando Mora, Certeza Argentina, 2005.

Manual del líder de grupos, Teresa Blowes, Certeza Argentina, 2002.

La aventura de estudiar la Biblia: El método inductivo, Carlos Yabraian, Certeza Argentina, 1997. (Disponible gratuitamente en PDF en http://www.certezaargentina.com.ar, Sección "Descargas gratis").

Romanos, José Young, ecc, 1993

Este libro se terminó de imprimir
en los Talleres Gráficos de EdicionesCC
Villa Nueva, Córdoba, Argentina

CPSIA information can be obtained
at www.ICGtesting.com
Printed in the USA
BVHW031433020922
646148BV00008B/289